共建
商业小生态

方永飞◎著

中国传媒大学出版社
·北京·

图书在版编目（CIP）数据

共建商业小生态 / 方永飞著．—— 北京：中国传媒大学出版社，2024.3
ISBN 978-7-5657-3598-1

Ⅰ．①共… Ⅱ．①方… Ⅲ．①商业模式－研究 Ⅳ．①F71

中国国家版本馆CIP数据核字（2023）第255140号

共建商业小生态
GONGJIAN SHANGYE XIAOSHENGTAI

著 者	方永飞
责任编辑	曾婧娴
特约编辑	任红波　卢倩倩
封面设计	济南新艺书文化
责任印制	李志鹏

出版发行 中国传媒大学出版社

社　　址	北京市朝阳区定福庄东街1号	邮　编	100024
电　　话	86-10-65450532　65450528	传　真	65779405
网　　址	http://cucp.cuc.edu.cn		
经　　销	全国新华书店		
印　　刷	北京晨旭印刷厂		
开　　本	787mm×1092mm　1/16		
印　　张	20		
字　　数	231千字		
版　　次	2024年3月第1版		
印　　次	2024年3月第1次印刷		
书　　号	ISBN 978-7-5657-3598-1/F · 3598	定　价	78.00元

本社法律顾问：北京嘉润律师事务所　郭建平

目录

1 数字化时代企业面临的机遇与挑战

企业数字化的本质是实现企业转型升级　　//002

企业数字化转型推动企业价值体系重构　　//004

企业级 SaaS 快速增长,让数字化转型成为可能　　//007

数字化浪潮正在冲刷并重塑所有业务生态　　//010

2 数字化时代企业的新选择:共建商业小生态

小生态:驱动企业发展的新角度　　//014

小生态的概念和组成　　//018

建立商业小生态　　//023

3　数字化时代企业管理创新离不开组织进化

企业传统管理存在诸多痛点　　//034

你的企业组织架构够新吗　　//039

数字化时代的自组织模式尝试　　//042

扁平化组织结构是企业未来的发展趋势　　//048

4　组织进化使企业选择了合伙共创制

顺应数字化潮流，合伙制最给力　　//062

合伙制需要新型雇佣关系加持　　//065

让扁平化组织结构在合伙制公司落地生根　　//068

让符合条件的员工成为合伙人　　//071

关于平台制和员工合伙制　　//077

5　改变传统雇佣关系，实现全员经营

企业管理中常见的几大现实问题　　//084

破局：让员工从"要我干"变成"我要干"　　//089

扫除员工的打工心态　　//096

培养员工的老板意识　　//101

企业、员工要实现共赢　　//107

员工自主经营管理的核心——1532模型　　//110

实现员工自主经营的四大条件　　//114

6 建设一个自组织精英小团队

自组织精英小团队的特点　　//120

自组织精英小团队的设计思路　　//123

自组织精英小团队的组建步骤　　//127

实践：组建超级营销小团队　　//140

7 做好自组织精英小团队的运营

塑造自组织精英小团队的团队精神　　//148

进行有针对性的人力资源管理　　//153

提高自组织精英小团队的领导力　　//157

确保自组织精英小团队进行有效沟通　　//170

8 合理激励，让自组织精英小团队自动自发

给全体成员足够的团队奖励　　//178

开放股权，让优秀成员成为公司合伙人　　//182

以成员贡献和价值为标准进行利润分配　　//185

9 顺应时代，实行群落化管理

体验社群经济的魅力　　//190

交互、协同：社群效应发生作用的基础　　//193

建立社群的ISOOC原则　　//195

组建蜂窝式群落性的架构　　//199

蜂窝群组式网络沟通的优势　　//202

群组成员之间如何进行有效沟通　　//210

10 用数字化思维引领服务趋势

从企业为王到用户为王　　//214

数字化时代，企业要"挟用户以令诸侯"　　//217

数字化思维是用户需求驱动　　//218

专注：为用户提供极致的产品和服务　　//221

目录

微创新：以改善用户体验为出发点　//225

用数字化思维实现用户至上　//229

11 移动社交带来新用户关系链

数字化时代的新型社交关系　//254

智能手机改变了企业的营销环境　//257

打造品牌与用户的牢固关系网　//260

针对目标用户建圈子　//262

从建立核心用户群到推动用户自行建群　//267

12 深度开发关系链，让用户变成铁杆粉丝

"得粉丝者得天下"　//272

粉丝是最优质的消费者　//275

用社群做好粉丝经济　//278

让粉丝帮助企业实现口碑宣传　//280

提高粉丝忠诚度　//283

与粉丝进行互动　//287

让"粉丝来告诉粉丝"　//289

让粉丝去发现粉丝　//291

13 经营用户，让用户变成自己的员工

用户生产内容，用户创造价值　　//296

让用户参与企业经营　　//298

培养用户的忠诚度　　//302

如何让用户找你　　//308

1

数字化时代企业面临的
机遇与挑战

■■■■ 企业数字化的本质是实现企业转型升级

数字化时代，数字化、大数据、人工智能等新技术、新产品，以超过历史任何一个时期的拓展速度，对人们的工作和生活进行更新换代。那么，什么是数字化呢？

光从定义本身来看，数字化只是对数据的传输、整理、分析、计算、应用，顶多会给人们带来一些计算或传输方面的方便，怎么可能对企业产生重大的影响呢？也许看完埃森哲咨询公司关于数字化的框架，你就明白其中的深意了。

埃森哲咨询公司的数字化框架包含三个层面：一是数字化客户，即开源，利用数字技术，采用更先进的方式，与客户交流，增加营收并提升盈利能力；二是数字化企业，即降本增效，从研发等核心部门到人力资源等后勤部门，降低现有价值链中各项环节的成本；三是数字化业务，即业务创新，对当前的业务模式、商业模式进行数字化升级或开发新的商业模式，利用数字化技术发现新的利润增长点。

由此，我们不难看出，数字化本身并不是目的，也没办法直接发挥作用，必须借助企业等载体才可以大放光彩。企业数字化以后，可以赋能经营节点，可以实现开源节流，才能实现提效，才有价值。而企业数字化的本质，是利用数字化的"复制、链接、模拟、反馈"的优势，来实现企业的转型升级。

现在几乎所有转型成功的企业都有一个特点，即基于数字化业务。比如，CRM 系统（客户关系管理系统）仍然是目前数字化 Sass（数字化软件运营）中优先选择的方向，是因为它跟我们的业务高度关联，其开源性就在那里。

我们处在一个全新的发展阶段，全球化、数字化的市场已高度开放，我国企业的管理模式大多却是工业时代的产物。为此，我们付出了惨重的代价，企业失去了灵活变通的能力，在变革中岌岌可危。所以，我们需要在管理上谋求创新，使组织纪律和自由相互包容，同时具备战略适应力强、运营效率高的特征。

在市场里遨游的成功企业，有的通过创新发明赢得市场，有的通过创新管理获得利润。从短期来看，创新影响企业的经营收益；从更加深远的角度来考虑，创新则是关乎企业生存及做大市场"蛋糕"的关键因素。

业务数字化，无非就是运用一些现有的数字化工具和技术来赋能业务发展。但是，数字化业务不一样，它代表的是要用数字化思维来重构商业模式，再用数字化的底层逻辑去驱动，超越原有行业形态的效率。这才是数字化业务的根本。所以，我们在整个过程当中，必须有对"+数字化"和"数字化+"的基础认知，才能思考应该如何去做企业的转型。

■■■■ 企业数字化转型推动企业价值体系重构

企业数字化转型有深层次的内在动力和基因，其核心任务是让企业价值体系优化更新和重构。

为了更好地说明企业价值体系的优化更新和重构，我们一起来看一个例子。比如，从价值主张的角度来讲，我们进行企业数字化转型，可以从卖方市场的价值主张转向买方市场的价值主张，因为价值体系是呈现高度连接状态的；从价值创造的角度来讲，可以从技术创造走向能力建设，用技术赋能；从价值传递的角度来讲，可以从简单的商品交易走向能力共享；从价值支持的角度来讲，由于应用了数字化的新一代信息技术，可以从单一要素驱动企业的核心发展走向全要素驱动企业的快速发展；从价值获取的角度来讲，可以从发展单一业务或单一产品走向打造业务或服务生态。

由此可见，价值体系的优化更新和重构，对于推动企业的健康发展是非常有价值的。同时，我们不应忽视这样一个事实：技术在企业价值体系优化更新和重构中扮演了重要的角色。实际上，每一次工业革命都是由技术主导的，每一次工业革命都推动了这个世界的发展。

第一次工业革命，蒸汽作为动力被广泛应用，石油、铁路等的投入使用让整个世界变"快"了。第二次工业革命，电力被广泛应用，重工业的发展让整个世界变"小"了。第三次工业革命，原子能、电子计算机、空间技术和生物工程等的利用和发展让整个世界开始逐渐变"轻"。正在进行中的第四次工业革命，以人工智能、新材料技术、分子工程、石墨烯、虚拟现实、量子信息技术、可控核聚变、清洁能源以及生物技术等为技术突破口,将人类带入了智能化时代。

如果这样理解起来比较抽象,我们不妨来看这样一组数据:电灯、电话等市场普及率超过25%,平均用了44年;电视机、微波炉、录像机等市场普及率超过25%,平均用了33年;手机等市场普及率超过25%,平均用了17年;数字化产品市场普及率超过25%,淘宝用了9年,微信用了5年,滴滴用了3年,抖音仅仅用了1年;至于直播、短视频,用的时间就更短了。

由此,我们不难看出,技术已经深入人们工作和生活的方方面面。事实上,进入21世纪之后,与先进技术紧密相关的新型生产要素数据已经成为重要资产。未来的组织和企业如果没有数据资产,就会面临危险境地。对此,聪明的做法就是保留好数据资产,在以后每一轮的发展中用数据资产叠加势能,从而推动企业的动能体系。

为什么现在的中小企业平均寿命只有2~3年?很大一部分原因就是没有数据资产。数据资产已经成为当今时代先进生产力的代表和新型生产要素了。也许有人会说,有些中小企业根本没有数据资产,仍然依赖人工,仍然依赖老板或几名核心员工的能力,照样过得很好呀。这又该怎么解释呢?

确实,先进技术解决的只是企业价值体系重构的硬件问题,现在我们就来解决一下软件问题,即人均效率是否跟得上时代发展。

是不是数字化企业的人均效率就低呢?还是先来看一组数据吧。有一些新兴的数字化品牌,20个人一年营收20亿元[①],人均产值1亿元;

---

① 如无特别说明,本书提及的金额均以人民币作为计算货币。

小米公司有3万多名员工，一年营收2800亿元[①]，人均产值超过了860万元。这是前三次工业革命时期完全不可想象的事情。因此，企业如果没有数据资产，就不可能突破前三次工业革命的边界，也就无法让数字化产业文明带来的极高效率得以实现。

很显然，数据资产的出现既解决了企业价值体系重构的硬件问题，又解决了企业价值体系重构的软件问题。不过，这并非全部。无论是企业的数字化转型，还是企业价值体系的重构，都离不开整个经济大环境的影响。

作为一个概念，"数字经济"于1996年问世。在过去将近30年的时间里，数字经济已经从"零部件"逐渐成长为"基础设施"，且是国民经济发展的"加速器"和"稳定器"。这就意味着，数字经济已经成为我国经济的重要组成部分。在这样一个经济大环境下，企业若是还固守此前的做法，实在不是一个明智的选择。

对于企业来说，信息化的根本，是赋能老板，是为少数高端人士服务的；数字化的根本，则是赋能终端、员工、全要素体系的。企业的数字化转型正在不断利用新一代的数字技术，对业务（流程、场景、关系、员工）进行重新定义，内部推进全面在线，外部适应各种变化，从前端到后端，不断实现经营中的信息化、自动化和智能化，从而实现更高价值。

---

① 据小米公司2022年年报及财报，截至2022年年底，小米公司全职员工为32543人，2022年营收2800亿元。

■■■■ 企业级SaaS[①]快速增长，让数字化转型成为可能

经过2018年的市场回暖和2019年增速小幅回落，受新冠疫情推动，2020年SaaS市场增速再度上扬。2020年SaaS市场规模达538亿元，同比增长48.7%。艾瑞咨询预计，2022年中国企业级SaaS市场规模近千亿。中国企业级SaaS主要应用领域在三个维度：CRM（客户关系管理）、ERP（企业资源计划）、HCM（人力资本管理）。2021年，中国企业服务市场相当于5年前的美国企业服务市场发展水平，2021年的市场规模是728亿元，2022年预计市场规模超过千亿元，到2023年预测能达到1358亿元，未来中国企业服务级SaaS市场将看齐美国市场，SaaS模式渗透力将有60%+。所以，整个企业级SaaS飞速发展的几年即将开始。

现在整个SaaS的市场渗透率，排在第一位的是云协作，因为新冠疫情期间有钉钉、企业微信、腾讯会议等办公系统的应用普及；排在第二位的是CRM系统，达到49%；排在第三位的是电商SaaS，渗透率43%。HCM系统，现在被严重低估了。

2020年，美国企业级市场规模高达8000亿元，中国SaaS市场规模才538亿元；预计2022年，美国企业级SaaS市场规模将突破万亿元，中国SaaS市场规模也将突破千亿元。所以，人力资本的重要性将会随着时代的发展变得越来越重要。我们有理由相信，未来中国的SaaS模式，是有着非常高增长的市场的。企业级SaaS快速增长，让数字化转

---

① SaaS即软件服务系统，是用户获取软件服务的一种新形式。

型成为可能。

为什么企业级SaaS快速增长会让数字化转型成为可能呢？这跟数字化转型的特点密切相关。众所周知，新一代的信息技术，包括大数据、人工智能、增强现实、云计算、边缘计算等在内，能够有效赋能企业发展，促成企业实现数字化转型。

数字化转型有四大特点：以用户为中心，数据驱动，以新一代信息技术为引导，以及构建行业新生态。新一代信息技术的引导只是其中之一，而SaaS为用户提供了一种软件服务获取的新形式，大大方便了用户，完全实现了站在用户角度考虑，以用户为中心。此外，因为有数据作为底层驱动，数字化转型对于整个行业生态的布置和推动，变得便捷和有力。

需要注意的是，数字化转型并不能一蹴而就，主要分为三个阶段：第一个阶段是信息化，第二个阶段是自动化，第三个阶段是智能化。所有企业数字化转型都是从信息化开始的，都需要首先做数据的整理、传输、计算、分析、应用，然后实现数据的自动化，推动节点流程的自动化。像华为、阿里巴巴，基本上都是在智能化的维度着力。现在的整个数字化应用转型，也已经朝着智能化的维度展开了。

我们在数字化转型的过程当中，要思考我们正处于哪个阶段。因为我们不去做，没有有效行为展开，就永远无法估量应该如何落地（企业数字化转型成熟度自评示意图如图1-1）。每家企业做数字化转型，一开始都是迷茫的，都是从茫然开始，然后到参考，到勾勒，到切入，到评估。评估不错，成功推广；评估有问题，推迟。成功推广以后，企业就可以妥妥地进入创新业务，进入第二次增长曲线。第二次增长曲线出来，代表企业的数字化转型成功。包括李宁在内的企业都经历过这样一个过程。

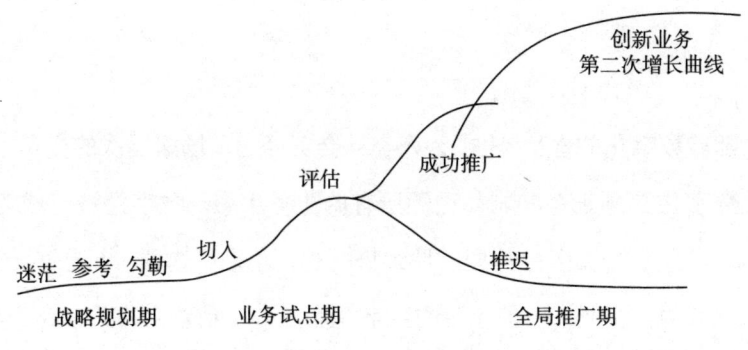

图 1-1　企业数字化转型成熟度自评示意图

企业的数字化转型都是基于这样一个路径图。数字化转型分为五个级别：初始级、单元级、流程级、网络级、生态级。全球多数企业的数字化转型目前处在单元级、流程级的阶段。从转型路径图的角度来讲，数字化未来的空间是很大的。

我国的数字化实践从 1987 年开始，从 2003 年起加速，经过了多年的突变、沉淀和发展，为我国企业的数字化转型奠定了坚实的基础。目前，正处于数字化转型中的国内企业基本上分为以下四类情况：40% 的企业已经取得初步成效；24% 的企业在规划和尝试阶段；20% 的企业在持续探索和试错；16% 的企业已有成果样本，正在推广和深化阶段。

▪ ▪ ▪ ▪ 数字化浪潮正在冲刷并重塑所有业务生态

随着数字化的普及与推广,人类社会正经历一场深层次的变革。如今,数字化浪潮正在冲刷并重塑所有的业务生态,数字经济已成为新的风口。企业的数字化转型已是大势所趋,不是可选项,而是必修课。将来只有两种企业,一是原生的数字化企业,二是重生的数字化企业。拒绝数字化就意味着将被市场逐步边缘化,因为未来所有的企业都是数字化企业。

市场瞬息万变。唯有主动加快数字化进程,率先掌握智能技术,基于多种业务场景进行颠覆式创新,才能构筑企业生存的"护城河"。企业数字化转型不是把技术武装到牙齿,而是通过低代码[①]加强大家的数字化思维,开启一场企业数字化能力进化之旅。

企业的数字化转型,一是要用好数字化工具;二是要培育好数字化团队,让员工都成为数字管理师,打造敏捷组织[②]。而数字化资产有助于提升企业的决策效率和基于数据加工以后的二次增值。数字化转型并不是一个单纯的项目,而是一个长期的系统工程。要做好这个工程并不是一件容易事。

针对数字化转型,我建议要从以下几个方面入手。

第一,企业数字化转型,要由 CEO 牵头,且需要企业给予足够的

[①] 低代码由高德纳公司于 2014 年提出,是一种只需用很少甚至不需要代码即可快速开发系统,并将其快速配置和部署的技术和工具。

[②] 麦肯锡对敏捷组织的定义是:能够以高成效的运营模式,快速灵活地适应环境,抓住机遇,创造价值并凝聚员工能力的组织。

资源支持。

第二，企业要有顶层规划和整体思维，不能单纯期待业务部门局部变革来自下而上地获得预期的数字化转型收益，企业应设立专门的数字化转型负责人岗位。所以，企业当中，不但需要 CEO 牵头，还应有专业人员协同。

第三，企业在数字化转型期要具备足够的试错宽容度，关注长期绩效的实现。一定要有长期主义的眼光，不要因为出点儿问题就不搞了。在试错中持续发展，持续升级。所以，数字化在本质上是一个持续的过程，要坚持长期主义。

第四，要借鉴外部经验，有效激活组织。同行或周边企业做得好的，企业也要去借鉴，甚至不惜去"挖"相应的人才。企业应该敞开怀抱，积极引入外部的专业人才。

第五，企业要重视文化宣传的作用，尤其注重提高中基层接受和参与度。重视数字化共识，要让所有组织成员，特别是核心成员，具备数字化意识、数字化认识和数字化思维。

2

数字化时代企业的新选择：共建商业小生态

■ ■ ■ ■ ■ **小生态：驱动企业发展的新角度**

小生态诞生的背景

2019 年 11 月 20 日,《印度时报》消息称:"全球男性避孕针通过了临床试验,半年后或将开始量产。"消息一出,一石激起千层浪。要知道,男性避孕针此前只停留在概念中,就连包括美国在内的一些支持男性避孕针的国家都没有轻易尝试。这次,印度是真正要实现量产了。

那么,大家对男性避孕针的看法如何呢?有些女性表示,必须要让丈夫打这个针。可她们的丈夫对此表示了担忧:"这个针有没有副作用?万一出点儿问题怎么办?"更有悲观者表示:"男性避孕针量产之日,就是艾滋病成倍增加之时。"……

据《印度时报》的消息,这种有效期为 13 年的男性避孕针,共有 303 人参与了第三期临床试验,成功率为 97.3%,无副作用报告。

为什么男性避孕针会引起如此轩然大波？除了直接关系民生问题，我们还应通过这则新闻消息看到新闻背后的力量。也就是说，我们不仅要看到现象，更要判断现象背后的逻辑在哪里。

其实，避孕也是一种经济现象。避孕药诞生于1960年，短短几年内，就深刻改变了美国人的生活，甚至改变了美国经济，影响了全世界。这不仅是来自1967年《时代》周刊杂志的报道（该期杂志封面用很多避孕药围成了一个代表女性标志的符号），更是活生生的事实。有数据证明了这一切。

1960年，女性获得医学学位的比例不超过10%，获得法律和MBA学位的不到5%，获得牙科学位的不到1%。避孕药问世之后，10年内，女性就占据了法律、医学、牙科、MBA学位的1/3。美国经济学家米勒非常精确地计算了避孕与收入之间的关系。如果一个女性在20多岁时，能推迟一年生育孩子，那她一生的收入将上升10%。从这个角度上来讲，避孕影响的不仅仅是女性在生育方面的选择，还有与女性相关的一系列选择。这就是避孕经济背后的逻辑。

近几年，全球经济相关数据都表现得不乐观，经济形势非常严峻，大量互联网企业经历了裁员、部门合并、倒闭。大多数专家一致认为，未来3～5年全球的经济形势仍将十分严峻，所以我们要有足够的心理准备，来思考何去何从的问题。尼采说，一切决定性的东西都是在对立碰撞的状态下（一译为"对抗性"）产生的。当下就是一个大碰撞的时代，面对新商业文明的实践，我们该如何取舍和选择呢？就在这样的背景下，小生态出现了。

小生态诞生的理论准备

1.《大历史：虚无与万物之间》带来的全新视角

2016年，中国引进了《大历史：虚无与万物之间》（以下简称"《大历史》"）一书，书的作者之一是历史学家大卫·克里斯蒂安。对于相当一部分读者来说，比尔·盖茨是作者的粉丝这件事，可能要比书本身更吸引他们。而对于另一部分读者来说，这书带给他们的震撼是他们自己之前没有想到过的。因为此前几乎没有一位历史学家会告诉读者：我们今天去看历史，不要老是去看5000年内的人类文明史，这太狭隘了。

很显然，克里斯蒂安是一位不走寻常路的历史学家。他在这本书里打破了人类历史观，用宇宙的尺度来研究宇宙、地球、生物、人类及其相互关系，关照未来，打通时间线。这是对大多数人普遍认可的人类中心论的重大挑战。

《大历史》虽然看起来有些离经叛道，却为我们提供了一个全新的视角。我们应该反思一下：我们今天看企业，是不是有些时候太狭隘了？要打破这种局限，我们可以按照《大历史》提供的逻辑，找出全新的角度，即站在企业的视角，谈企业的小生态建设。

2. 了解自然生态系统概念

要研究小生态，我们还需要了解一些生态系统及与生态系统相关的知识。

1935年，英国生态学家阿瑟·斯坦利第一次提出了生态系统的概念。生态系统是在一定的边界范围内，所有生物因子和非生物因子通过能量的流动和物质的循环过程，形成彼此关联、相互作用、动态平衡的统一整体。

地球表面的生态系统多种多样。生态系统按照形成的原动力和影响力，可分为自然生态系统、半自然生态系统和人工生态系统三类。其中，自然生态系统是指在一定时间和空间范围内，依靠自然调节能力维持的相对稳定的生态系统，如原始森林、海洋等。

自然生态系统不但为人类提供了食物、木材、燃料、纤维以及药物等社会经济发展的重要组成成分，而且还维持着人类赖以生存的生命支持系统，包括空气和水体的净化、缓解洪涝和干旱、土壤的产生及其肥力的维持、分解废物、生物多样性的产生和维持、气候的调节等。

自然生态系统主要由四要素组成（如图2-1）。

第一，非生物的物质和能量，如阳光、空气、水、土壤等。

第二，生产者，主要是指植物，特别是绿色植物。

第三，消费者，主要是指动物，包括以草为食物的动物、以肉为食物的动物，还有一些杂食动物，如人类就是典型的杂食动物。

第四，分解者，主要是指微生物。分解者很容易被忽视，也叫还原者。

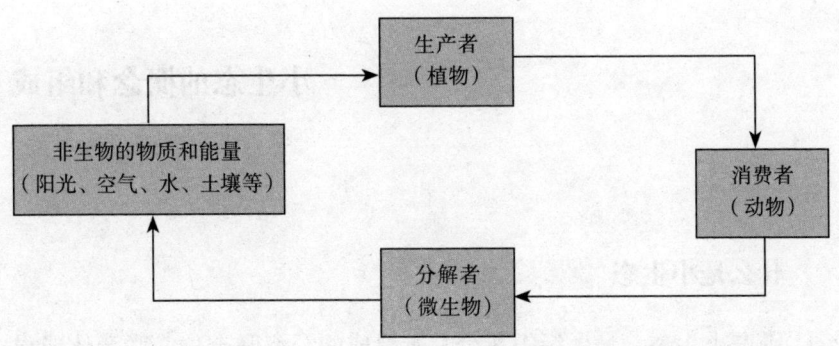

图2-1 自然生态系统的组成四要素

以上生态系统及与生态系统相关的理论直接启发了小生态的相关基础搭建。

3. 了解商业生态系统的概念

因为小生态是小型商业生态的简称,所以我们在研究小生态时还需要考虑商业生态系统[①]。

1993年,詹姆斯·弗·穆尔吸收了自然生态系统的规律,开始思考商业生态系统是否跟自然生态系统有相关性和类似性,于是写了一本书叫《竞争的衰亡:商业生态系统时代的领导与战略》。在这本书里面,共同体、共同进化等一系列前瞻的概念对小生态的概念深有启发。可以说,在一定程度上,《竞争的衰亡:商业生态系统时代的领导与战略》是小生态整个思路和脉络的策源地。

▪ ▪ ▪ ▪ 小生态的概念和组成

什么是小生态

所谓小生态,是由组织和个人所组成的经济联合体。联合体成员包括核心企业、消费者、服务商、供应商、渠道商等,成员之间构成价

---

① 所谓商业生态系统,是指以组织和个人的相互作用为基础的经济联合体。

值链。不同的价值链之间相互交织形成价值网。商品、能量和信息等通过价值网在联合体成员之间流动和循环。与自然生态系统的食物链不同,价值链上各个环节之间不是吃与被吃的关系,而是价值或利益交换的关系。它们更像共生关系,多个共生关系组合形成了小生态的价值网。

小生态的组成四要素

用图2-2来完整地阐述小生态的组成四要素,我们会发现,小生态的组成四要素和自然生态系统的组成四要素极其相似。

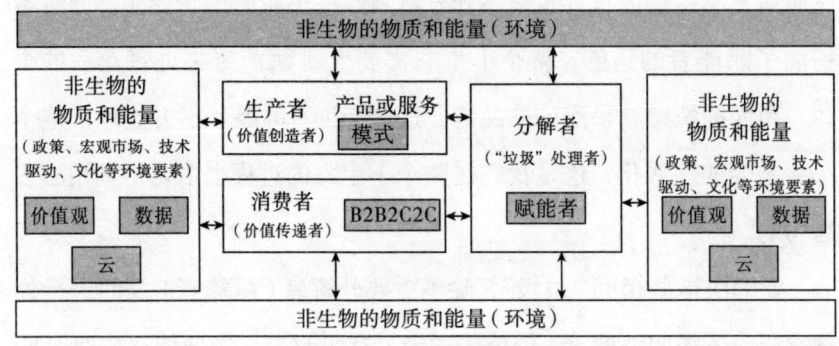

图2-2 小生态的组成四要素

小生态组成的第一要素,仍然是非生物的物质和能量。它是环境要素,但并非自然生态要素当中的水、空气、阳光、土壤,而是价值观、数据、政策、宏观市场、技术驱动、文化、云等。

小生态的生产者,即价值创造者,要么是提供产品或者服务的人,要么是提供模式的人。需要注意的是,这里提到的"模式",本身也是一种商品。

小生态的消费者，即价值传递者，通过 B2B2C2C 的模式构成了一个完整的链条。

小生态的分解者，即赋能者。就像自然生态系统离不开微生物这个分解者一样，小生态也离不开赋能者这个分解者。

小生态与新商业闭环

为什么很多企业很难形成有效的、健康可持续发展的小生态呢？其中一个重要的原因，就是不少想组建小生态的企业和个人忽视了分解者。就像自然生态系统需要分解者把死去的动植物分解成水、二氧化碳等，小生态的世界也离不开分解者。在小生态的世界中，分解者扮演了赋能者的角色。整个小生态需要大量赋能者去处理落后的个体、负面的情绪、呆滞的产品等。这些负面"垃圾"不去处理，整个小生态会加速恶化，这是我们在整个小生态的过程当中要特别用心去思考的。

要解决这些负面"垃圾"，除了需要分解者（赋能者）及时进行处理之外，还需要消费者（价值传递者）有所改变。价值传递的概念叫 B2B2C2C 模式，被很多人忽视了。为什么它会被忽视了呢？因为它所在的链条没有形成闭环。

一个完整的新商业闭环包含四个维度的商业环节（如图 2-3）：第一个环节叫 B2B，第二个环节叫 B2C，第三个环节叫 C2C，第四个环节叫 C2B。遗憾的是，很多人只看到了其中的一两个。

2 数字化时代企业的新选择：共建商业小生态

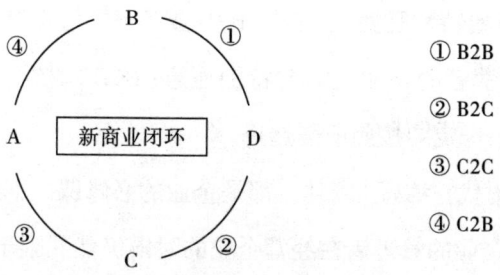

图 2-3 新商业闭环的四个商业环节

目前，新商业闭环的前三个环节已经大行其道，而身为第四个环节的 C2B 才刚刚开始。C2B 将成为未来企业和新生态、新商业的增量所在。那么，是不是其他环节就没有机会了呢？下面我们一起来看一下。

如今，C2C 和 B2C 都已经发展到一定的阶段，电子商务的增量潜能已经被挖掘得差不多了，做 C2C 和 B2C 业务的不少企业都在寻求转型。从近几年的数据看，我们发现了两个现象：一是未来很多民营企业的增量在微笑曲线的两端，二是新生态、新商业的增量在头和尾。而且，无论是微笑曲线的两端，还是新商业闭环的头和尾，指的都是 B2B 和 C2B。

C2B 的潜力自不必说，B2B 的出现确实令人感觉不可思议。但事实就是如此。尽管受新冠疫情的影响，B2B 还是在稳步增长。经过研究，我们发现，现在做 B2B 业务的公司不少是从 B2C 转型的。

传统的 B2C 转向 B2B 通常会选择由同一行业内运营出色的企业赋能给一些经营状况不佳的企业的方式，具体来说，就是将运营出色企业的技术、经验、能力，复制、嫁接、传递给经营状况不佳的企业。当然，B2B 还有其他表现形式。

外部环境的急剧变化和企业自身发展的需要，都使得企业在练好

"内功"方面有着特别旺盛的需求。B2B 业务正好恰逢其时。此外，身为 B2B 业务消费者的企业还需要特别注意：B2B 的核心是模式，C2B 的核心是产品，一定要按照所需选择。

无论什么时代，练好"内功"都是企业的必修课。不过，到了数字化时代，如果企业的管理者在经营企业的时候仍然局限于传统的视角，企业的路就会越走越窄。要让企业避免陷入这种危机，我们就一定要有建立商业小生态的意识，主动打破传统的行业界限，使不同行业的个人或者企业走到一起，从而拓展各自的市场。

在小生态这个概念中，共同进化是一个非常重要的主体所在。共同进化是指物种与物种之间、物种与环境之间相互作用、相互影响，从而不断进化或发展。在一个小生态里，成员与成员之间相互促进，才能共同进化。

从公司和行业到小生态

表 2-1 为组织从公司和行业到小生态的发展，这个表的内容提供了一个非常清晰的发展轨迹。而这一发展轨迹为商业小生态思维的建立准备了条件。

表 2-1　从公司和行业到小生态的发展轨迹

组织 区别	公司和行业	小生态
商业界限	既定	动态，在一定程度上是选择
定位	公司或行业是战略制定的基本组织	商业生态系统，或者共同进化、有创造性的参与者的共同体是战略制定的基础
经济行为功能	公司内部管理良好并取得行业里的平均利润	公司管理构成商业生态系统网络中的各种联盟与关系

（续表）

组织 区别	公司和行业	小生态
中心议题	个体公司的增长	整个小生态的健康与发展及公司在小生态的地位
参与者合作	参与者的合作极大地局限于直接供应商和顾客，改进传统供应商和顾客的关系，维持现有的界限	合作拓展到所有参与者，致力于寻找新思想，发掘潜在的需要，并把它们创造性地结合到新的经济活动的范式当中，引进新的参与者，成为协调发展的共同体
竞争	主要存在于不同产品与公司之间	在各个小生态之间及特殊生态内部强生态位和弱生态位之间进行

■■■■■建立商业小生态

建立商业小生态思维

我们为什么要去构建商业生态系统？因为基于这个系统的效应会带来商业上的成功，推动社会的发展和进步。目前，社会发展已经经历了农业社会、工业社会，正处于数字化社会，并向智能时代迈进（如图2-4）。

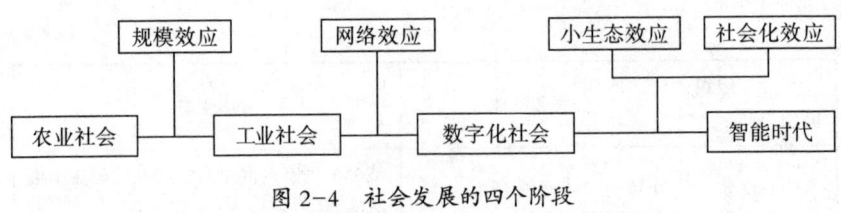

图 2-4 社会发展的四个阶段

从传统的农业社会跨越到工业社会，取得的商业成功靠的是规模效应。从工业社会跨越到数字化社会，取得的商业成功靠的是网络效应，而网络效应基本上是一种基于双边效应的构成。从数字化社会走向智能时代，要取得商业成功，会受两个重大效应的影响。它们一个是小生态效应，一个是社会化效应。其中，小生态效应至少是基于三边效应的构成（且构成的是价值网）。

要使小生态效应发生作用，建立商业小生态就成为一件迫在眉睫的事情。而要完成这个工作，我们就需要理解企业的商业模式。

2019 年 12 月，罗永浩开了一场名为"老人与海"的黑科技发布会。毫无疑问，他这次走的仍然是大单品路线。遗憾的是，单品思维并没能帮助他走出之前的创业困境。反而是之前没有被那么看好的直播，给了他新的平台。为什么罗永浩的大单品路线没有奏效呢？其中一个很重要的原因就是，运用宽泛的生态思维，甚至是大生态思维做企业，已经成为时代的主流。

从单品思维到生态思维，企业的商业模式经历了点、线、面、体的演变过程。

其中，点是单品思维，本质上就是在一个价值点上做爆品。线就是站在行业角度，从价值链出发思考产品的定位。这两种商业模式曾经帮助众多企业捕捉到风口，铸就辉煌。不过，它们并没有脱离公司和行业的局限。这也就造成了风口过后罗永浩遭遇的那种窘境。

到了面的阶段，价值链跟价值链交错在一起形成了一个价值网，这就构成了小生态。支撑小生态存在的价值链至少有三条。也就是说，只有三边及以上效应构成网，才能构成小生态效应。

像阿里巴巴这些企业就不是小生态能够驾驭的了，它们的商业模式已经到了体的阶段。也就是说，支撑这类企业的是大生态，是超级生态，它们走的是数字经济体的道路。正如腾讯创始人马化腾所说，"对于腾讯来说，我们过去做生意，现在做生态，这是自身成长自然的使命转变。如果说我们过去的梦想是希望建立一个一站式的在线生活平台，那么今天，我想把这个梦想往前推进一步，那就是一起打造一个没有疆界、开放共享的互联网新生态。"

海尔创始人张瑞敏认为，企业如果再不进行生态系统的建设，再不纳入生态系统的转型，就将无法维系了。张瑞敏是这么说的，也是这么做的。海尔1999年的营收是268亿元，但2022年的营收是3506亿元。2012—2014年，是海尔最艰难的时刻，张瑞敏内心非常煎熬，但他看到了未来，他想到了海尔如果还是按照传统模式运营，海尔将没有未来。于是，在2014年，张瑞敏对海尔进行了一次外科手术式的变革（即采取了创客模式，如图2-5）。从此，海尔开始突围，营收开始迅猛上升：2014年营收671亿元，2015年营收897亿元，2016年营收1191亿元，2017年营收1592亿元，2018年营收1833亿元……2021年营收2275亿元，2022年营收3506亿元……

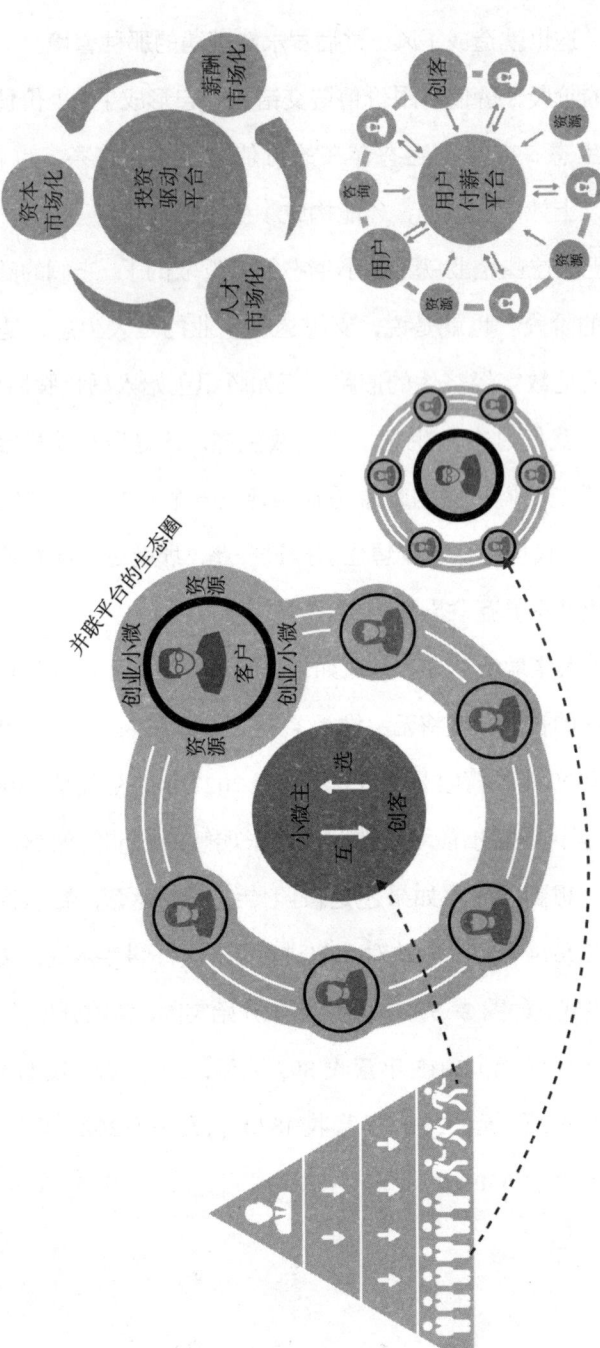

图 2-5 海尔外科手术式的变革(海尔的创客模式)

海尔这张耀眼的成绩单绝对不是单纯打鸡血就能做到的,而是真正基于新商业的战略转型创造出来的。海尔经过多年的探索,把自己这个传统的白色家电制造商成功地转变为最具活力的生态系统。

我们永远不要低估这些前行者的声音,他们比我们更早拥有广阔的视角,比我们更早洞悉商业的秘密。对于广大中小企业来说,建立商业小生态思维,实施生态战略,向生态型公司学习,已经成为它们发展道路上的不二选择。

建立商业小生态要关注人

人是商业生态系统中的超级物种,建立商业小生态离不开人。因此,我们必须要对人进行深入的了解。研究人主要有三个维度,分别是人口、人性和人才。其中,人口研究的是趋势,人性研究的是本质。研究商业本质,就要研究人性。而人才是去加速进化的一个很重要的结果。

人口的增长趋势让中国未来的发展显得并不乐观。据目前的统计数字来看,1963年新生儿规模达到了2934万。这已经是新中国成立70多年来新生儿出生的巅峰。从1970年到1989年的20年间,大部分时间内每年的新生儿规模都在2000万以上(1976—1980年低于2000万)。直到1998年,新生儿规模跌破了2000万。此后新生儿规模一直没有再突破这个数字。哪怕是实施"全面二孩"政策的2016年、实施"全面放开三胎"政策的2021年,新生儿规模也分别只有1786万、1062万。2022年新生儿规模首次跌破1000万,只有956万。中国的人口红利正在逐渐消失。

研究人性,就必须要研究经济人、社会人、复杂人、自主人。如今,自主人已经变得越来越重要。2008年,社会学家理查德·桑内特写下了《公共人的衰落》一书。书中提到了一个重要观点，我在讲 EMBA 组织课的时候也经常引用它，这个观点就是："自我才是当今时代的新教伦理。"

如今，"90后"逐渐成为职场的主力军，"00后"也陆续进入职场。他们的自主意识比前辈们更强烈，做主角是他们中很多人的追求。企业的管理者需要想一想，企业有没有给年轻人提供这样展示的空间，自己有没有做好让年轻人做主角、自己做配角的准备。注重展示自我是一个人成长发展的需要。ERG 理论认为，人们存在三种核心需要，即生存（existence）的需要、相互关系（relatedness）的需要和成长发展（growth）的需要。我们研究人性就是要研究这三个方面。

最后来看人才。推动一个商业文明进阶的，绝对不是所有人，而是少部分人，关键的少数（即人才）起着决定性的作用。实现商业系统进化的，一定是关键的少数。那么，关键的少数应该具备什么能力呢？华为给出了一个模板。在华为，关键的少数应该具备三方面的能力：第一，要清晰地理解公司的战略方向，对工作有周密的策划；第二，有决心，有意志，有毅力，有富于自我牺牲精神；第三，能带领团队不断地实现新的突破。

建立商业小生态要关注未来组织演变

建立商业小生态，关键在于推动人、货、场的和谐统一。但是，请大家不要只关注看得见的人、货、场。因为人有阴阳，货有虚实，场有明暗。具体说来，有些人是失败者，有些人是成功者，有些人是英雄。你的企业员工都是什么样的人呢？说到货，货有虚实，实的卖商品，虚的卖模式。你的企业有没有将商品和模式组合起来，形成生态？场有明暗，明的场在那里，大家都能看见；暗的场是一种氛围，是一种内在的逻辑。你有没有察觉它对企业的影响？

上述这些都是我们应该觉察到的，而且人、货、场的这些变化最后会影响到未来组织的发展演变方向（图2-6）。未来组织的发展演变主要呈现为六大方向，即组织边界开放化、组织过程自组织化、组织机构云端制、核心隐喻生命化、个体专家化、组织规模小微化。用一句话来总结，就是"小前端+大平台+富生态"。

在未来组织演变方向越来越明确的同时，组织形态正在发生着天翻地覆的变化。威尔乌公司的员工手册中就有这么一段话："在威尔乌，即使是总裁，也不能直接掌管你的工作，每个人都有给项目开绿灯的权力。"

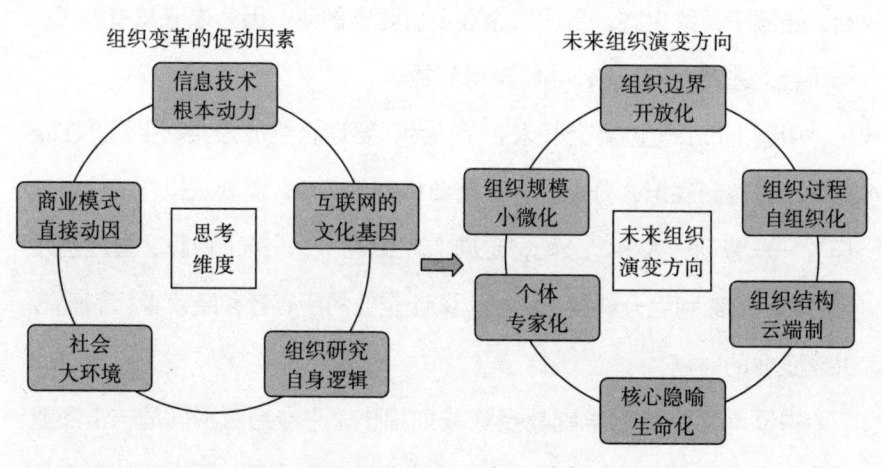

图 2-6 未来组织演变方向

威尔乌这家公司的组织结构很有意思，像变形虫一样变来变去，没有固定的组织结构形式。比如，员工在办公桌下面装了轮子，需要跟谁在一起工作，他们就推着这张办公桌跑到那里去一起开始干活。这中间根本不需要老板参与。而这张办公桌通常是虚拟的。具体说来，就是四个步骤：第一步，蹦出一个好点子；第二步，告诉一位同事；第三步，一起合作；第四步，发售。这种组织在威尔乌被称为快闪组织。他们都是职业化者，可能从未见过面，但这并不妨碍他们一起搭团队，做任务。也许更奇特的是，整个组织的存在只是为了完成一件事，然后解散。这种组织形态为企业适应小生态发展提供了样板。

除了组织形态，同样发生翻天覆地变化的还有思维方式。"未来没有公司，只有创业平台；未来没有行业，只有生态系统"，已经成为企业界有识之士的共识。平台思维就是把自己的成功建立在帮助别人成功的基础之上。所有公司都要升级成平台或者小生态。站在产品的高度，企业赚的是差价；站在平台或者生态的高度，模式才是赚钱的核心。搭平台，建圈子，做生态，是一家企业今后要走的路。因为未来只有进入一个平台，进入一个生态，才能赚得到钱。

中国上市公司协会会长宋志平认为，要让企业成为共享平台。在企业中，利益到底怎么分配，企业需要机制的革命，需要从以往的"老三样"——劳动、人事、分配，走向"新三样"——员工持股、管理层股票计划、超额利润分红权。现在应该让企业的所有者和经营者、管理者，共享企业的财富。

中欧商学院战略学副教授陈威如提出，平台绝对不只是一个商业模式，而是一个开放、透明、协作的产业共赢生态圈。平台化的思维是一种赋能，是一种利他的存在。

遗憾的是，今天还有不少企业仍然得意扬扬，觉得自己光靠卖产品就能活得很舒服。其实，这样的企业仍然停留在传统的行业边界内，对即将到来的危险一无所知。等到醒悟的那一刻，或许已经来不及了。

有些时候，我们会一再低估临界点到来的速度，以致待在自己的舒适区，丝毫不觉得视野受限。当临界点到来，又急急忙忙在那里盲目地搞开源节流。其实，这些动作也许会让企业度过一时的危机，但并不能解决根本问题。为了从根本上解决问题，我们必须有一个更大的视角，把自己放在一个更大的生态系统中，然后再来告诉自己，该做什么，不该做什么，或去创造一个生态系统。这才是实现小生态战略的初衷和起点。

3
数字化时代企业管理创新离不开组织进化

在数字化的影响下，世界每一天都发生着重大变革。对于传统企业或组织来说，为了适应快速变化的市场环境，就需要实行有别于以往的管理制度，实现组织进化，不能再拘泥于传统的层级管理。如果每一个决策都要经过层层上报，企业或组织就会丧失机遇，再难"翻身"。

▪ ▪ ▪ ▪ ▪ 企业传统管理存在诸多痛点

传统的层级管理结构起源于工业革命时代。那个时候公司承担责任，雇用一大群人干活。这是一种将劳动力重新组织的方式，不仅能让劳动分工更加有效率，更能让工作效率实现提升。不过，随着数字化时代的来临，传统的层级管理结构弊端越来越突出，甚至会给企业或组织拖后腿。那么，这种传统组织结构在管理上存在哪些痛点呢？

雇佣关系遏制了企业成长

在很多人的认知里，铁打的营盘流水的兵，就是企业发展的常态。某些团队或企业的管理者遇到成员离职，也往往以这句话自我安慰。但是，事实上，这句话对大家存在严重的误导。为什么这样说呢？

这是因为，它把"营盘"和"兵"的关系，具体到企业这个场景，就是企业和员工的关系，简单化了。毕竟，如今企业和员工之间并非此前那种单纯的雇佣关系了。

对于一家企业来说，如果员工都抱着养家糊口、赚钱就好的念头，那么这家企业就会成为一盘散沙，缺乏必要的团队凝聚力。一旦陷入这种状态，企业就会变得异常脆弱。别说成为"铁打的营盘"了，哪怕是一点风吹草动，都会葬送这家企业的前程。

360公司创始人周鸿祎说，做企业等同于参加一场马拉松式的接力赛，是一个长期且艰巨的过程。事实确实如此，经营企业并不能一蹴而就，也不能靠老板一个人或老板信任的管理团队去解决所有问题。就算有了解决方案，要是没有高效、有力的执行者或执行团队去执行，一切都是纸上谈兵。更别说，目前大多数企业都面临着转型这一时代赋予的考验。

遗憾的是，有些企业老板并没有意识到这一点，他们只享受自己身为老板的优越感，喜欢搞"一言堂"，不允许别人有不同意见，也不愿意跟别人合作。不过，感觉良好并不能代替实际的企业经营。俗话说，一人计短，两人计长。身处数字化时代，如果还固守以前那一套做法，不能敞开心胸与在某些方面比自己能力强的人合作，就会在时代的浪潮中落伍。对于企业老板来说，更是如此。

即便意识不到这一点，单从朴素的底层逻辑来讲，一些老板创业的初衷就是不想给别人打工。既然如此，他们又凭什么信心满满地认为其他人就会全心全意地为自己工作呢？要知道，老板只有跳出以往雇佣关系的局限，与员工真诚分享公司的未来乃至梦想，才有可能找到真正的同路人。

部门之间存在无比厚重的"部门墙"

有一家通信技术公司，新推出的产品销售情况十分糟糕，老板要求营销部门分析原因。营销部门拿出一份报告，结论是：新产品缺乏竞争优势，产品质量问题严重影响了客户的信心。产品研发部得知这一消息后义愤填膺，也写了一份报告给老板："我们夜以继日地艰苦攻关，终于把新产品开发出来，各项性能指标都达到了预定要求——有些指标还超越国际标准。这么好的产品卖不动，明摆着是营销部门无能，怎么能把责任推到我们头上呢？"老板看了两份截然不同的报告，陷入困惑之中。

有一家电子企业想成立一个产品规划部门。在公司管理层讨论会上，研发部主管直截了当地表达了反对意见："过去我们根据市场的需求开发了那么多成功的产品，那时候没有规划部，我们公司不是发展得挺好吗？现在想成立产品规划部，是想让他们来'闭门造车'？如果真的成立规划部，那到时候他们给我们什么策划方案，我们就开发什么样的产品，产品成功与否不关我们的事。"

有一家服装制造公司，一直存在交货不及时的问题。于是，公司决定按照交货及时率对生产部门和发货部门进行考核。根据部门的职责分工，对生产部门主要考核的是产品入库成品的数量，对发货部门主要考核的是领到成品后到交给运输单位的周期。这项考核制度出台后的一段时间内，生产部门和发货部门各自的指标都完成得不错，但出于成品存储、信息沟通、运输单位的耽搁等方面的原因，产品不能及时交货的问题依然没有解决，而且还引发了生产部门与发货部门的矛盾。

以上几种情形都是我们经常遇到的。从这些情形中，我们不难看出，传统雇佣制企业业务部门之间存在着以下几个普遍性的问题。

一是出了问题相互推卸责任，大家都抱着"多一事不如少一事"的态度。为了推卸责任，能一路争到高管或老板的办公室。

二是在与其他部门产生冲突时，大家都认为是对方的错。

三是部门交叉地带的工作经常无人管。

四是部门之间对同一问题的理解出现偏差，导致任务无法按时完成。

五是部门之间缺乏理解和认同，制定决策、执行决策时往往只考虑自己，不考虑对方。

……

在传统雇佣制企业中，类似的问题不胜枚举。究其原因，就在于该类企业的层级管理结构造成部门意识根深蒂固，部门之间存在着无比厚重的"部门墙"。

过分集权

某天，某企业分公司的行政部经理向总经理汇报了公司的厕所大便冲不干净的情况。他告诉总经理，此前自己已经多次向工程部总监反映,该情况是水压不够造成的,但是工程部总监认为是那些使用厕所的人未冲水造成的,埋怨行政部没有做好卫生宣传工作。听到汇报之后,总经理派助理到厕所检查了一下。助理回来后汇报:"有8个洗手间存在水压问题,主要集中在办公楼的4层。"于是,总经理把行政部经理与工程部总监叫到一起,商量怎么处理这个问题。

第二天,行政部经理向总经理提交了一份书面报告。报告称,根据工程部总监的专业意见,更换加压泵的费用需要10万元,成本较高,故请求增加两名后勤人员,专门负责厕所卫生。总经理考虑到,即便是增加两名后勤人员,成本也不低,就没有批准该报告。于是,这个亟待解决的问题被暂时搁置了。

两个月后,该企业的老板来分公司考察工作。一进入4楼厕所,他就目睹了"惨状",当场发了火。行政部经理委屈地解释:"两个月前,我就把书面报告提交给总经理了,但总经理考虑到成本,没有批准。"

……

其实,造成这种现象的根源在于,过分集权的管理方式导致了工作低效。为什么这样说呢?这跟集权的定义紧密相关。所谓集权,指的是领导者把权力进行集中的行为和过程。简单地说,就是大大小小的事情一手抓。而这样势必会影响决策的速度与质量,影响公司的发展。过分集权更会对决策的速度与质量形成更为深重的影响。上面一个小小的厕所冲水问题迟迟得不到解决,就是明证。

不尊重员工,以自我为中心

据某媒体报道:重庆一家酒店10多名员工被要求当街跪爬。这些员工身穿职业装,趴在地上,前后相连,跪着往前爬,嘴里喊着"欢迎光临",引来了大量路人围观。记者就此采访了该酒店的管理者。管理者表示：之所以让员工这样做，是为了向广大客户表达酒店全心全意为顾客服务的诚意。

看到这样的新闻，相信大部分人都会心情复杂。然而，类似的事件屡见不鲜，每件事情都直接伤害员工的人格和尊严。诸如此类的"非人"手段，在某些老板看来，竟是出于对员工严格要求的正常举措。言外之意就是，老板花钱雇员工来上班，来为公司创造价值，对员工有一些"特殊"要求，很正常。诚然，员工干得好，可以拿到奖金；员工做得不好，犯了错误，或给企业造成了损失，理当受到惩罚，这叫奖惩分明，无可非议。但是，一切都不应伤害员工的人格和尊严，不能对员工进行精神摧残。

……

以上种种问题都是传统组织结构带来的。在数字化时代，企业要想不被淘汰，就应该重新构建组织结构，以适应时代的发展。

▪▪▪▪▪ 你的企业组织架构够新吗

自现代企业诞生时起，企业普遍采用的是一种官僚式的分层管理模式，并在此基础上形成多种组织结构形式，比如矩阵式组织结构、事业部式组织结构以及职能式组织结构等。直到今天，仍然有很多企业在沿用这些经典的组织结构。

随着数字化时代的到来，企业的生存环境发生了巨大的变化，企业出现了越来越多需要现场管理和临机决定的事宜。此时，如果企业还是使用经典的组织结构，工作效率就会大大降低。在这种情况下，企业需要一种扁平化的组织结构，以尽量缩短决策时间，提高工作效率。

随着数字化时代的到来，人们的生存环境也发生了巨大的变化，而人们的生存环境对企业的组织和文化具有决定性的作用。因此，如果人们的生存环境发生变化，而企业的组织和文化不能做出相应的调整，企业就有可能被时代淘汰。

数字化的发展有效解决了信息不对称的问题，表现在企业的组织层面，就是精简组织的中层，让组织结构实现扁平化，同时弱化部门概念，消除部门之间存在的天然屏障。此外，企业在进行调整的过程中可以实现组织结构的超级节点化，通过流程的节点来推动业务的流程。

某些创业公司除了专门设有财务和仓储团队外，没有任何其他职能部门，所有业务都由虚拟团队①来管理和运作。该公司根据业务流程的轻重缓急成立相应的虚拟团队，每一个团队都会有一个专门的负责人。最多的时候，公司会同时运作十几个项目。每一个项目中都有公司老板的参与，但老板并不是在一线指挥的领导者，而是负责做好监督、协调以及评估工作的评估员。

在项目的整个流程完成后，老板会对团队运作及项目开展情况进行评估，并向员工分享项目开展过程中得到的收获或教训；在评估工作完

---

① 虚拟团队，是指在地理位置上分开的人员借助电子信息技术跨越时间、空间边界的障碍而一起协同工作的群体。通常情况下，团队成员很少见面。

成后，虚拟团队会自动解散；然后，公司会开启下一个项目，成立另外一个虚拟团队。

老板对整个流程的监督以及协调都是通过微信群等方式进行的。这种运作模式使公司大大减少了线下会议的数量，而老板和下属之间的沟通都是利用碎片化时间来完成的，有效提高了工作效率。

在数字化时代，采用传统组织结构的企业要用同样的人和组织形式做不同的事，耗费的人力和时间更多不说，成功概率也不高。能够让企业涅槃重生的，主要得益于组织结构的创新。

要想在数字化时代长久地生存下去，企业应该具有灵活的组织架构，摆脱多层级化，将自己从固有的管理模式中解放出来；应该以产品为中心，充分利用和整合企业的资源以推动产品的开发和创新；应该将市场需求作为产品设计和生产的重要导向，满足客户日益多样化的需求，进一步改善产品和服务。

数字化时代追求一种开放、自由、分享和协作的精神，企业组织内部也应该有这种精神。因此，在数字化思维影响下的企业组织形态也会趋向扁平化。

■■■■ 数字化时代的自组织模式尝试

数字化颠覆了企业管理领域

数字化时代的到来颠覆了很多传统领域，而在企业管理方面，这样的颠覆也慢慢显现出来。其中，"自组织"就是一个越来越受人们关注的概念。

自组织虽然在理论上还没有形成非常完善的体系，但在实践中已经有很多企业开始组建自己的自组织团队。百度的小团队制、华为的"三人战斗小组"等，让员工这种"自动自发的自我管理"显示了强大的潜力。谷歌、美的、海尔也在自组织的基础上进行了组织结构更新或重塑。

先来看谷歌。谷歌通过一系列管理创新为自身设计了一种全新的组织结构，表现出扁平化、网络化、彻底分权、高度民主的特征。这种组织结构不但保持了谷歌的高效运行，而且极大地激发了员工的创新能力。

众所周知，谷歌可以在很短的时间内推出新的产品或者技术版本，这主要得益于其优秀的开发团队。在产品开发的过程中，谷歌的工程师会根据项目需要组成不同的开发团队，每一个团队大概由3～6人组成，不同的开发团队负责不同项目中的工作，通常每一个项目运作的时间都不会超过6周。这样一来，这种简化的组织结构可以推动信息在更短的时间内实现分享和流动，有效避免了因信息流通不顺畅而产生的问题。

除了运行扁平化的组织结构外，谷歌还设计和运行民主自由的管理体制。在这种管理体制之下，员工拥有充分的话语权，还可以对自己的时间进行自由掌控，可以根据自己的兴趣选择要开展的项目。在进行重要决策的时候，谷歌会邀请所有的利益相关方一起进行深度协商，并最终达成一致意见。

再来看美的。美的董事长方洪波曾在集团内部会议上做了名为《移动互联时代组织再造》的报告。报告中指出，"这是一个全新的时代——数字化时代，破坏和颠覆是数字化时代的特征，现阶段管理创新和组织再造比任何创新都重要，平衡就是静态，静态就是死亡。"相隔仅一个月，美的集团的新一轮变革就开始了，GMCC 美芝公司（即美的压缩机事业部）与 Welling 威灵电机公司（即美的电机事业部）整合为美的部品事业部，迈出了新时代美的集团组织再造的第一步。

相比美的，海尔的变革是一个长期的过程，至今已超过 10 年。两者都是变革，只是侧重方向不同。海尔变革重心落在经营模式上，意在打破传统科层制结构，通过建立以战略损益表、日清表、人单酬表为核心的"人单合一"核算体系，将市场需求逐级逐类分解为每个自主经营体和每名员工的自主经营目标，使得每个自主经营体和每名员工能够自我激励、自我驱动，在为用户创造价值中实现自身价值。

俗话说，适者生存。数字化时代，形势瞬息万变，创新层出不穷。为了适应外部环境的变化，企业需要进行结构性、迭代式创新来建构新的组织体系，需要自组织，而不能再依靠过去那种预先确定的组织秩序和组织规则。在这方面，百度、华为、谷歌等行业头部企业率先做出了表率。如果你还只是针对自身企业的部门构成进行小修小补，那么下一个淘汰的就是你！

自组织的核心是更多的连接、更好的控制

既然自组织对企业来说如此重要，那么什么是自组织呢？所谓自组织，是指企业员工根据用户的需要，自由组成团队去解决问题，而没有正式的组织边界。一切的组合，包括人与人之间的组合、团队建成，没有任何正式的组织架构，都是基于任务的需要、问题的需要和用户的需要。而且这控制一定是从下往上的，而不是从上往下的，否则难以持久。

按照组织进化的原则，组织就是从复杂到简单、从封闭到开放、从平衡到不平衡、从控制到失控的，一旦失控就开始进入到自组织形态。这种形态能量很强。自组织的核心是更多的连接、更好的控制。

自组织有两个非常显著的特征：一是组织变化来自底层觉悟，而不是来自中心，也不是来自老板要求，也就是说，组织的连接和控制都是自下而上的，而非自上而下的；二是组织演变的轨迹通常是非线性的、突变的，组织具有自我修复和自我演化、进化的属性。

现代管理学之父彼得·德鲁克在晚年对自己的管理学理论做了一定的修正，他特别强调，真正的管理是让员工实现自我管理，最好的管理是没有管理的管理。其实，这就是自组织——让员工实现自我管理、自我净化，要自我改善、自我驱动。对于企业来说，自组织的形态就是由员工来主导变革，由老板提供支持。自组织不仅让员工实现自我管理，更让用户参与管理，从而倒逼管理。

在企业经营过程中，管理不能被大量传统思维的做法束缚，我们既要懂得吸收传统管理学的精髓，又要去掌握新时代所赋予管理学的变化特征。要实现这一目标，我们需要了解自组织的基本概念，更需要了解企业组织的概念和本质。

管理学家切斯特·巴纳德认为,"组织是人们寻求合作的一个自然结果。人们为了在'资源和能力'上突破限制,追求更高的目标,自然会主动选择合作的途径,并与之建立协同关系。当这种协同关系升华到'共同的目标'和'社会性协调规则'时,协同关系就逐渐稳定下来,转变为稳定的协同体系,这就是'正式组织'。"

明确组织产生背景和定义的前提下,就要知道组织存在的必要条件。组织存在的必要条件主要包括四个:第一,时刻谨记组织是人组成的集体;第二,组织因拥有一个共同的目标而存在;第三,组织中的所有个体都有为组织贡献的意图;第四,组织通过专业分工与协同来实现最终目标,协同与信息沟通主要依据社会性规范。

所谓共同的目标,是组织通过提供产品或服务的价值创造活动。组织在遵循供求关系、符合或引领商业文明的基础上,通过提供产品或服务而证明自己存在的价值,通过为社会发展做出贡献而获得回报。组织的存在首先是以组织与社会之间持续互动、良性循环为基础的。

与此同时,组织的存在必须基于个体贡献的意愿。该意愿一方面取决于个体之间共同的目标、偏好和追求,另一方面取决于个体在实现目标过程中所获得的回报和满足。只有当个人所得到的满足超出个人所做出的牺牲和投入时,意愿才能持续下去。从这个意义上讲,组织也是组织与个体之间持续互动、良性循环的系统。

组织为了实现共同的目标和完成价值创造活动,除了个体的人以外,必然还需要资金、技术、机器设备等一系列的资源要素。这些要素的组合基于一定业务逻辑的同时,主要以人为载体在组织中流动、变化,发挥作用。因此,组织可以理解为以人为主要载体的资源要素的组合系统,是组织目标实现与个体贡献反馈之间互动循环的价值创造系统。

概括地讲,组织主要包含两个特征:第一,组织是包括人在内的要素组合系统,其他要素以人为载体,要素的组合体现了分工与协作的规律,是为了实现共同的目标;第二,组织与社会之间,组织与人之间,组织中的人与人之间、人与其他要素之间(主要体现为人与工作之间),除了基于一定目标的、完成客观的分工与组合之外,各自是动态变化的,相互之间存在着持续的互动与循环效应。比如,组织在为社会创造价值的同时,会牵引更多社会资源的加入或协助,从而使得组织也获得更大的发展。

我们要认清组织,可以从客观和主观两个维度出发。

客观上,组织是各个要素组合而成的系统,基于同一个目标,要素之间以人为载体,按照规定的逻辑完成分工、组合、协同、运转以及发展的动态系统,我们称其为组织机体。组织机体的高效运转需要解决分工和协同的基本命题,从而追求组织中单点的能力与组合的效率。从客观上观察一个组织机体,通常会从业务与管理两个方面展开。业务与管理是构成组织的两个核心维度,主要体现在功能和职责分工、制度化和规范化水平、员工队伍、组织氛围等方面。当然,组织划分有不同的维度,无论划分的方式如何,相互之间分工与组合的特性都是不变的。

主观上,组织是一个能量场域,是基于主体和要素的主观能动性或能量,由组织与社会之间、组织与人之间、人与人之间、人与工作之间相互点燃和融合所形成的能量系统,我们称之为组织能体。组织能体强调把企业看作一个不可分割和加总的系统,追求要素主体之间、主体与客体之间合二为一之后的系统的生命力和创造力。能量场域的形成和大小取决于组织与人的目标追求及假设系统。

根据德国理论物理学家赫尔曼·哈肯对组织的分析，从形式上说，组织进化可分为他组织和自组织两类。倘若一个系统依靠外部指令才形成组织，就应归属他组织的范畴；倘若没有外部指令，系统只是按照双方之间默契的某种规则，各尽其责而又协调自动地形成有一定次序的结构，就应归属自组织的范畴。

因此，可以说，"自组织"的概念是基于"他组织"得出的。从进化论的角度分析，自组织还可以是一个动词，主要指一个系统在遗传、变异以及优胜劣汰等机制的作用下，通过自身组织结构与运行模式的不断完善，不断提高自身适应复杂环境能力的过程。换句话说，系统在不断适应复杂环境的过程中，还能够自发地按照一定的秩序组织起来并形成拥有一定次序的结构。

总体而言，企业组织通常是正式的组织，自组织的存在往往是对他组织的补充，为了增强组织内自下而上的活力和创造力，本质上也是为了实现公司的总体目标和保障总体资源配置效率。自组织的存在有利于增强企业的活力和对变革的适应能力。与此同时，并不是所有混序的组织都是自组织或有意义的自组织。缺乏共同目标、存在重大内耗的组织，对企业而言未必是有价值的自组织，很可能意味着组织内部在管理上的混乱与分裂。

当然，自组织并不等于不需要秩序，放任自由。在对创新的理解上，我更偏向于迭代式创新，而不是颠覆式创新。在自组织的理解上也是一样，组织创新也是更偏向于迭代式创新发展，而不是自组织去颠覆传统组织。或许，层级组织到一定程度再推行自组织更切合实际，而不是完全不需要层级的基础就实行自组织。我认为，后者成功的概率会更小。用户的需要、共同的目标、基本的规范这些都是成功实行自组织必不可少的方面。

▪ ▪ ▪ ▪ 扁平化组织结构是企业未来的发展趋势

扁平化企业与金字塔型企业的区别

在中国，金字塔结构早已沿用超过百年。直至今天，大部分企业仍然采取这种结构。为什么会出现这种情况呢？这是因为，该结构简单，组织稳定，权责分明，并且能够发出统一的指令。

在金字塔型企业中，组织结构大体可以分为决策层、管理层、执行层等数个层次。其中，决策层决定企业发展的战略，确定任务的优先级，负责做重大决策；管理层负责团队的日常管理、任务规划，统筹和分配资源，分派具体任务，落实到人；执行层负责具体任务、事件的细节执行和完成。

不过，金字塔结构是建立在领导者卓越出众，且拥有必要的战略信息和知识的基础上的。只有领导者能很好地认知周围的环境和出现的情况，他们才能清晰地告诉中层应该做什么和怎么做。这种结构在环境稳定、信息相对闭塞的情况下，的确算得上是比较好的组织模式。但是，在复杂的、网络化的环境中，一切变得不一样了。

只有位于"金字塔"底部的团队成员才能密切接触市场、客户，大家每天所面对的市场环境和客户、合作伙伴的情况随时都在变，如果按照金字塔结构的运行方式，由下属将信息一层层上报，然后再等着领导者做出指示，再将指示一层层传达到一线团队成员处时，外部环境很可能已经发生了彻底的改变。

数字化将人与技术、人与人之间产生的信息、知识、信任和信誉进行了大规模关联，信息流动不再单调，团队成员与外界之间不再存在信息隔离。很多一线同事比决策层、管理层更了解外部环境，一线团队成员与管理层之间的关系也发生了变化。除了知识与信息外，权力与权威也必须在团队成员与管理层之间进行双向流动。这时，新的组织架构就有了出现的土壤。

由前文可知，在数字化时代，企业将变成扁平化、倒金字塔型的组织。决策层、管理层和执行层可以做到三位一体，整个组织没有特别层次分明，每个人既可以是决策层，又可以是管理层，还可以是执行层。越来越多的企业开始尝试变成扁平化的企业组织。

那么，扁平化企业和传统的金字塔型企业存在哪些根本性的不同点呢？企业是不是要彻底地把金字塔结构压成扁平的，完全没有层级了呢？当然不是。如果这样做了，企业得到的只是表象，真正的扁平化结构是要有比较完善的体系来支撑的。扁平化企业和金字塔型企业的不同点主要体现在以下三个方面。

1. 决策模式不同

金字塔型企业的管理采用的是中央集权式的决策模式，而集权式的决策体系很容易引起权力的集中，领导者很容易变成高高在上的特权阶层，一切由领导者说了算。该类企业的领导者如果想了解公司的整体情况，需要通过层层汇报，汇报的内容就是领导者能掌握的情况。这导致领导者难以及时掌握企业第一手的市场和客户信息，对公司状态的了解相当滞后。

扁平化企业中，决策权不再聚焦在一个中心，而是分散、去中心化的。决策层、管理层和执行层都是扁平化组织中的一分子。如果企业管理采用的是群组式沟通，那么企业管理决策就将由群组中的团队成员集体做出，每个人都要提供自己的智慧和意见，然后做出行动。在从金字塔结构变为扁平化的企业组织中，决策流程减少，决策速度也会加快，权力得到下放。因此，金字塔型企业用 2~3 天才能做出的决策，扁平化企业可能 20 分钟即可做出。

2. 个人身份和角色不同

在金字塔型企业里，决策层、管理层扮演着领导者和指挥者的角色。而在扁平化企业里，他们变成了企业团队里的资源提供者、分配者、支持者，思路的指导者、设计者，规则的制定者，秩序的维护者，为团队做指导、纠偏、调整的工作。他们不但可以对企业组织要素进行整合，设计组织结构、策略、发展的基本理念，更重要的是，他们可以帮助团队界定真实情况，协助团队对真实情况进行正确、深刻的把握；同时，督促团队成员积极参与讨论，让执行层的每个人担负起责任，提供自己的智慧，而决策不一定由决策层做出。

管理层可以在公司运转秩序异常时出现，在公司运作秩序正常时则无须出现。他们的存在就是为了让平台上生存的每个部分都高效、稳定地运转，具体表现为：需要资源时补足资源，需要资金时补足资金，需要指导时给予指导，需要鼓励时及时鼓励。

扁平化企业中，决策层还有一个主要任务，即提高团队成员对组织系统的了解能力，促进每个人进行学习。

例如，某企业采用扁平化组织模式进行运作，把员工从原先的指令人和执行人改成接口人。简单来说，就是要想做好一件事，并非要你一个人把这件事做好，而是要你去整合相关人员共同将这件事做好。更明确地说，就是过去做某个市场的调研，本来需要10个人来做，如今变成1个人来做，这个人需要做的是把这个项目目标定下来以后整合全部资源，让合作伙伴一起参与进来。

3. 信息保密层级不同

在金字塔型企业中，不同层级的团队成员获取的信息保密等级不同。决策层能够接触到企业最核心的机密，比如企业资本运作、重大战略规划、企业最核心资源、合作伙伴等。而执行层接触的是具体事件的信息，在公司内部属于非核心机密。越是层级高的管理层，接触的核心机密越多，拥有的信息量越大，拥有的资源也越多，其重要程度也就越高，需要给其他成员提供的帮助、服务也越多。

扁平化企业真正的层级分别体现在处理信息量的数量级上，你有多大的能力，能处理多大量级的信息，能为多少名同事提供智慧和帮助，这决定了你在团队中的位置和身份。

有一些工作过程中产生的信息层级不高，如团队在实际工作中产生的讨论和决策过程就是这样根据时间和重要程度，决策层可以事后浏览和知悉，也可以实时参与。主要目的是看看大家的讨论有什么不妥之处，方向是否符合公司整体发展，是否需要调整工作重点和方向，需要决策层提供什么资源或者帮助；或者在他们有很棒的创意、不错的成绩时给他们点赞，成为他们的啦啦队。

在数字化时代，一个人并行处理问题的能力越强，拥有的信息量越大，拥有的资源也就越多，其重要程度也就越大，需要给其他团队成员提供的帮助、服务、精力和时间也就越多，在团队中也就会成为核心成员。

扁平化组织的特征

扁平化组织的特征主要体现在以下几个方面。

1. 客户中心化

数字化企业面临的市场环境急剧变化，团队必须不断地根据市场情况调整决策。因此，在扁平化组织中，除了常规的组织结构设置之外，增加了以客户和用户为中心的横向业务单元之间的联系，以及对同一产品、同一分类客户、同一地区的业务进行整合。

决策权从集权到分散，决策不再聚焦在一个中心，而是采取去中心化的方式，由最容易接触到用户和市场的一线员工提供最快的信息，围绕客户和用户的情况做出。决策层、管理层和执行层都是扁平化组织中的一分子，企业管理决策将由群组中的团队成员提供意见，由集体做出决策，每个人都要负起自己的责任。

比如，要为一家大型游戏公司提供综合性的传媒和营销解决方案，在提方案阶段，对接这家企业的销售代表就会组建一个新的工作组，把CEO、销售副总裁、媒体主编和公关部等部门的相关同事拉进来，共同解决客户的问题，而每个人都是团队中的一分子，可以随时随地提供协助。

2. 企业平台化

扁平化组织让传统企业的部门之间变成协同关系，让用户可以参与到决策过程中来。这将组织变成了并联平台的生态圈，组织随时可以变化，人员也并不固定，可以根据需求随时调整。企业平台化将使得企业各部门的资源、各家企业的资源，乃至数字化的资源都可以为"我"所用。

蜂窝群组属于典型的扁平化组织（详见后文），每个小的"蜂窝"都是独立的六边形，相互独立而又相互协作，而一个个的蜂窝组织就形成了一个庞大的平台。企业无论有20人，还是50人，都可以朝这个方向持续发展。当平台能支撑的团队是十几家独立公司时，成员就会达到200人乃至2000人的蜂窝数量级。

因此，那些员工数量超万人的大型企业成为扁平化的企业组织时，其内部就充满了无数个蜂窝组织，从而形成了无形的生态体系。每个蜂窝组织都按照既定的游戏规则运行，从而在企业这个平台上得以"百花齐放、百家争鸣"。

3. 员工创客化

在扁平化组织中，以前处于"金字塔"塔底的团队成员将成为企业团队中至关重要的部分，他们直接面对产品、客户乃至用户，亲身感受用户体验，了解用户感受，第一时间根据用户的反馈提出任务、讨论任务，并推动任务实施和完成。

扁平化的企业管理团队中，领导者和团队成员实现了真正的平等对话。每个人都有机会释放自己的创造力和想象力；每个人都是自由盛开和绽放的花，都需要拥有独立的空间；每个人都是能够感知市场并及时把握机会、做出信息反馈的创造者；每个人都有机会去实现自己的梦想，都可以是以自己为中心的一家公司，都可以整合企业生态圈里的资源，完成自己的创业。

如何打造扁平化组织

企业要打造扁平化组织，要做到以下几点。

1. 重复利用人才，随时随地组建团队

扁平化组织中，人才可以重复用，企业像变形金刚一样可以随时随地组建新团队，或者组建虚拟任务小组，完成新任务。不管是企业内部的基础建设项目，还是面向客户和用户的一线营销项目，都可以用这样的建队方式组建团队，并完成很多原来看似不可能完成的任务。

有了明确的需求之后，企业内部需要组织资源完成需求。除了常规的人力资源可以由固定岗位提供，其他涉及的人力资源都可以从自己部门、其他部门或者平台上的其他公司临时寻找，或者从企业外部的资源（比如外包、供应商等）直接对接。这样的组织像变形金刚一样，随时变化，随时组建，任务结束时组织可以随时解散。

比如，某家知名电商公司有1100多名员工，但其组织架构只有两层：以CEO为首的核心管理团队和几十个学院。每个学院不是一个部门组织，而是一个基础的作战单元，类似于一支特种部队，平时独立作战；有重大任务时，根据需要，某几个学院可以随时重组为一个全新的大部门，任务结束后再解散回归原编制。

再如，该公司海外部要定期组织针对北美市场、日韩市场、欧洲市场的访谈、沙龙、数据分析等工作，组织海外企业讲解海外市场，为客户做传播和品牌宣传，帮助更多游戏企业走向海外。活动宣传期间需要大量的传播，于是该公司海外部和媒体联盟部成立了海外品宣部，每天信息同步，让媒体联盟部及时了解海外工作的进展情况，制订传播所需的媒体联盟计划，及时迭代信息，保障了工作的高效运转。

这样的"变形金刚"，成员可以来自公司内部，也可以来自公司外部的组织。其精神本质是开放的，是在一个开放的体系下诞生的。这在企业平台化的基础上大大扩充了平台的边界，形成了对接外部的"无组织的组织"，乃至"无边界的组织"。

2. 利用数字化工作法："找抄改"

按照数字化开放与共享的根本理念，"找抄改"成为数字化企业成长的一大利器。其中，"找"是指在数字化平台上搜索专业的技术和人才，以及最有价值的资源；"抄"是指站在巨人、前人的肩膀上，快速学习已经成熟的结果；"改"是指根据道的规律注入道的境界和方法，使产品和平台充满灵气和永恒的生命力。

数字化平台上的资源是全球性的、免费的、开放的、共享的。一家企业内部的能力和资源是有限的，也不一定是最好的，但要把视野放宽到全球，一定会有很多非常专业的高人、牛人可以为我们所用。我们可以在数字化平台上寻找、选择最优秀的人。这样的人或许有过类似经验，或许已经开发过类似的模型或者成熟的产品。

找到这样的原型之后，我们需要在此基础上按照我们的要求增加相应的功能和模块，注入我们的创新思想和灵魂，从而形成适合各家公司的产品。

当数字化连接了个体，每个人都有机会成为节点，每个人都可以便捷地把自己的创意和能力输出，每个人都可以依靠数字化交易平台来承接和完成任务。

比如，我们需要设计一个LOGO，但是企业内部的设计师未必能设计出令我们满意的作品，那么我们可以选择把LOGO外包给数字化平台上的某位设计师，请他参与设计，最后选择我们最满意的那个LOGO。当然，我们也可以选择该平台上的设计工作室或设计公司，最后选定最佳的设计图片，按效果对一位或者多位设计师进行付费。

3. 采用新的激励模式

在扁平化组织中，激励模式也发生了很大的变化：从原来传统的、单一的按月付费外加业绩考核、奖金，发展出按效果付费和股权激励两种比较有效的新型激励模式。

一是按效果付费。

金字塔型企业是按时间付费的。这种按时间付费的模式缺乏有效的激励机制，造成了只要干满8小时，就可以拿到薪水的"铁饭碗"机制。金字塔型企业里有正式员工和临时员工，他们之间的区别是显而易见的。而扁平化企业将颠覆和改变这一切。该类企业不再招聘很多全职员工，也就是以月为单位，以时间为单位发工资的员工。大量全职员工会造成人力资源成本飞涨，同时也限制了人才的范围。不管规模多大的企业，人数总是有限的。

扁平化企业是按效果付费的。在扁平化企业中，企业和员工之间不再是简单的雇佣关系，而会变成合作关系、创业关系乃至合伙人关系。扁平化企业习惯采用的方式是外包、众包、资源整合等，从企业外部获取和连接人才资源，这种合作模式改变的是支付报酬的模式，从原来的按时间工作制付给正式员工、全职员工薪水，变成了按结果付费，按任务量付费，按成效付费。

按效果付费，本来是广告领域的一个专业名词，就是不再让广告主按照广告投放时间来付费，而是按照广告投放后带来的实际效果，即实际的用户数量或是量化的潜在客户来付费。

按效果付费的好处不言而喻。

一来，企业没有必要一定招聘和拥有自己的全职员工，只需要找到或者连接能帮企业解决问题的人来一起完成任务，满足客户需求，再共同获得和分配收益。企业不必再为全职员工支付高昂的薪水，却几乎可以拥有无限的人才，只要能够给别人分配足够的利益或产生足够的吸引力。

二来，这样的机制能时刻让合作伙伴感受到竞争的压力，从而有效地促进工作效果的达成。企业招聘的很多全职员工未必能为平台带来持续的资源，因为他们常会觉得自己已经为企业付出了时间和能力，资源是额外付出。同时，按时间付费的全职成员如果不能按时完成工作任务，很少有相应的约束机制和惩罚机制。而按效果付费的合作伙伴不但有出色的能力，还能为企业带来持续的资源。只要界定合同完成期限，往往就能保证工作效果的达成。对方如果完不成，则需要承担违约责任。

按效果付费的模式确实可能会颠覆未来的企业雇工方式。企业可以把需要完成的工作看成一项项可以由更大的组织、更广泛的人群完成的任务，把按时间付费的全日制工作模式变成按效果付费、按成绩付费乃至按到达率付费的模式。将用户、客户都变成企业组织成员的一部分，按照既定的规则完成不同的目标和任务，企业就会变成虚拟企业，无边界的组织就会形成。在这样的平台上，每个人都有可能成为节点，成为路由器。同时，客户和客户之间、用户和用户之间的连接都有可能再次形成供需和资源共享关系，产生更多的创业机会，创造更多的商业价值。

二是对员工进行股权激励。

这种方式改变了原来的分配制度，让员工变为合伙人。

企业如果是早期的创业企业，设计分配给创始员工的股份或者期权可以基于对方的资源，比如他们可以用资本、技术或者能力入股，这些资源的估值决定了合伙人的占股比例。

对于采用投入真金白银的资本入股方式的员工来说，其是为自己心目中的理想项目做投资，会与企业共担风险，比较珍惜这个合伙的机会，把自己等同于企业的主人。而以技术入股或者能力入股的员工，由于没有投入真金白银，所以其中有一部分人并不会共担风险。这时，企业老板在分配设计时就需要约定对方的服务期限及完成目标等，如果不能按约定履行义务，则股份需相应减少或转移。

至于员工投入的价值如何估算，不同的企业有不同的参考标准。有的企业比较看重行政职务、技术职务、项目经验和贡献，有的企业比较看重做事的用心程度和担当程度，包括分享、连接、共享和借力的能力、业绩以及岗位价值等。

很多企业发展到一定阶段之后，股东结构较难发生改变。除非资本层面发生较大变化，比如要融资或者要挂牌上市，才可能有机会对员工进行持股奖励。

对于一些暂时没有机会改变股权结构的企业来说，可以针对独立项目设计独立的分配制度，比如考核质量和业绩，约定利润完成指标，完成后可以拿出10%～30%的利润（数字多少看情况和老板的格局）奖励独立团队，让每名员工从盯工资、盯加班费（如果有的话）变成盯现金流、盯利润、盯业绩。

如果独立项目非常成功，那么企业就完全可以让个人或者团队单独成立公司，开始进行企业内部的裂变式创业，让团队持有新公司相应的股份，或者在上一级公司持有相应股份。

对此，还有很多传统企业负责人不太理解，觉得自己吃亏了。这种观点其实错得离谱。坦率地讲，如果这个人或者团队离职后独立创业，从表面上看，你省了一大笔用于奖励的费用，实际上，你不仅失去了出色的优秀员工，还多了一家或数家竞争对手，这样损失岂非更大？

4
组织进化使企业选择了合伙共创制

数字化时代，一切皆在创新。对于企业来说，组织结构、商业模式、用户聚集、营销服务等都是迫切需要升级和变革的。人是企业发展的核心要素，与之对应的组织模式更需要吻合时代的要求。这一切的实现都要求企业选择符合数字化时代精神的管理模式。事实上，无论是新型数字化企业，还是传统企业，合伙共创制都是最佳管理模式。合伙人制度的背后，辐射的是平等、去中心化、共享的数字化精神。

▪▪▪▪▪ 顺应数字化潮流，合伙制最给力

近来，合伙制开始被越来越多的企业采用，尤其在一些民营企业

中，其应用更是广泛。合伙制企业的特点大致相同，企业属于两个及两个以上的合伙人，合伙人按照一定的比例分享利润，企业的所有者或者股东就是合伙人。合伙人共享利润的同时还要共担无限责任，一些企业的合伙人只出资但不参与企业的经营活动，这样的合伙人也要共同承担责任。另外，合伙人的规模依据企业的发展需要而定，没有固定的标准。

一家企业愿意实行合伙人制度，是具有人性化的行为，这能让企业朝着设定的目标努力进取。最先创造企业的合伙人一般都是些至交好友，他们拥有共同的价值追求，志同道合。每个合伙人都在管理企业上拥有一技之长，这种形式在智力密集型的企业中能够最大程度地调动员工的积极性，使合伙人更加团结，促使企业走上良性发展的道路。

近几年，采用合伙制的行业逐渐变得宽泛起来：根据"人人都是经营者"的阿米巴原理，爱尔眼科开创性地推出在内部创业的合伙人计划；万科用事业合伙人计划来改变股权比较分散的股权结构；阿里巴巴则采用了股权与控制权分离的新型合伙制，很大程度上加强了创始人和合伙人的自主经营权，使其摆脱了资金的限制。

三家企业的合伙制各有特点，具体如下。

爱尔眼科合伙制

目标：激励员工内部创业。

对象：企业总部及分部的精英人才、现有及将要引入的顶级人才。

模式：按投资比例进行利润分成。当发展到一定规模实现一定盈利时，由企业以合适的价格收购合伙人部分股权。

资金来源：新医院的上级医院与公司总部的合伙人结合经营情况分

批投资，还有部分合伙人一步到位的资金投入。

业绩考核：对合伙人公司有一套动态的考核标准，充分结合地域、政策、规模等因素做出公正的评判。

退出机制：在合伙人任职期间，正常退出或被迫退出，其股权均可转让，但必须是在全体合伙人一致同意的情况下，被转让人只能是普通合伙人和退出人同意的受让人。

万科合伙制

目标：提高企业经营团队的控制力。

对象：企业经营团队。

模式：万科投资了深圳盈安财务顾问有限公司。深圳盈安财务顾问有限公司和华能贵诚信托有限公司作为合伙人，组建了深圳盈安财务顾问企业（有限合伙），简称盈安合伙。这三家企业同属万科控制。被万科投资之后的盈安合伙，不断地在证券交易市场收购万科的股票。

资金来源：吸纳员工的经济利润奖金，利用企业外部杠杆资金。

万科的事业合伙人制有期权成分，他们按照《授权委托与承诺书》规定，将个人在集体经济利润账户中的所有收益，委托给盈安合伙进行投资。这些财产被统一封闭管理，封闭期（3年）内不能直接支付给个人，引入融资杠杆交给第三方用于购买万科的股票，第四年在付清融资本息、同时承诺在集体奖金所担负的返还公司的或有义务解除后，才可拿到第一年的奖金。

阿里巴巴合伙制

目标：保持企业经营团队控制能力。

对象：随着每年遴选而动态变化，对企业文化高度认同，对公司发展有积极贡献，通常是那些为企业效力了至少 5 年且持有公司股份（限售）的高管。

模式：建立一个对董事会成员具有提名权的合伙人团体，使所有权与控制权分离，避免发生因股权减少而控制权降低的局面。

▪▪▪▪▪ 合伙制需要新型雇佣关系加持

自从企业诞生之日起，雇佣关系就已经存在了。在相当长的一段时间内，职业几乎是终身制的，雇主与员工之间在真诚对话、相互信任的基础上形成了一种长久的雇佣关系。不管公司发展好坏，员工都愿与公司共进退。因为雇佣双方对建立的这段关系都进行了承诺，并以永久存在为前提，所以，双方都愿意就这段关系进行投资。

然而，随着时代的发展，世界开始发生变化，主要体现在理念和技术方面。资本主义的兴起使得企业开始将发展的重点转向实现短期财务目标，并通过目标的实现来促进股价的提升。企业开始推行短期成本削减措施，比如进行规模优化、精简组织、裁减员工。在同一时期，电子芯片的体积越来越小，功能越来越强，促成了信息时代的到来，同时也促进了通信革命，诞生了众多更精益高效的企业。

世界的变化使得企业的稳定发展期成为过去。在这个瞬息万变的时代，一家企业对环境的适应能力以及企业家的精神，对企业的发展具有至关重要的作用。数字化的发展，把全世界各个角落的人都连接在了一起，而且人们可以自由地和任何一个人进行沟通和互动。

终身雇佣制在处于稳定期的公司中发挥了重要的作用，但是在迅速发展的数字化时代，未免显得有些僵硬和死板。在全球范围内，这种用人制度正在面临解体。

在终身雇佣制逐渐消失的背景下，为了稳定企业与员工之间的关系，大多数企业会选择通过签署法律合同来约束彼此，而且这种方式也使企业拥有了更高的灵活性。只不过这种通过法条来维护的关系让员工和工作都变成了短期的商品。

企业需要削减运营成本时，最先想到的可能就是裁员；企业需要掌握新技能的人才时，会选择再招聘，而不是进行内部培训。许多公司信誓旦旦地说，员工是公司最宝贵的资源，但是在需要削减开支的时候，最宝贵的资源也就变成了首当其冲的牺牲品。

20世纪80年代，世界大型企业联合会专门做过一项调查。调查结果显示，在参与调查的公司高管中，有56%的人认为，如果员工能够忠于公司，并致力于实现公司的商业目标，那么员工就应该得到持续受雇的保障；仅仅过了10年，就只有6%的高管还坚持这种想法。

20世纪60年代，通用电气声称公司的首要目标是为员工提供最大的保障，而到了20世纪90年代，其CEO杰克·韦尔奇却认为员工对公司忠诚对于公司的发展根本没有意义。

在自由雇佣制盛行的年代，社会各界都在鼓励员工将自己视为自由人，有权利为自己寻求更好的就业机会。公司与员工之间的雇佣关系已经成了一种交易，双方很难对彼此忠诚，也很难发展成长期的雇佣关系。因此，即便在刚入职的时候，双方在工作关系上达成了看似和谐的契约，但其实背后所隐藏的自我欺骗，已经成了双方之间一种不可言说的默契。

世界的发展不可逆转，过去的用人制度已经无法适应世界的变化，商业领域已经失去基本的信任。失去了员工忠诚的企业无法拥有长远的发展战略，也就无法对未来进行投资。一家没有未来的企业，等待它的只是一步步地走向灭亡。

良好的雇佣关系框架不仅可以让员工与公司建立起相互信任的关系，而且会让双方基于信任实现相互投资和共同受益，还可以为公司注入更多的新鲜血液，让公司充满活力；同时，可防止公司将员工视为一种可以随意处置的资产，提高员工的地位，帮助员工实现自我价值。

《联盟》一书为新的雇佣关系框架的建立指明了方向，将公司与员工之间的雇佣关系看作一个联盟：双方在独立、自由、平等的基础上签署一份条款明确的互惠协议。这种雇佣联盟为管理者和员工建立相互信任、投资关系提供了一种有效的框架结构。

在联盟中，雇佣双方建立在可以相互增加彼此价值的能力基础之上，雇主要向员工传达这样的信息：只要员工能为公司创造价值，公司就会让员工更有价值。贝恩公司的首席人才官拉斯·哈吉曾经向自己的员工表示，公司会让员工成长为更优秀的人。而员工也需要告诉雇主，如果公司能够帮助自己成长，并实现自我价值，那么自己也会竭尽全力为公司效劳。这样，员工与公司之间就形成了双赢的模式——员工帮助公司壮大，公司帮助员工提升自身的市场价值。在这种互惠联盟的基础上，雇主和员工可以在信任的基础上相互投资，并共同承担公司朝着更高目标发展所带来的风险。

比如,很多公司投入重金对员工进行培训,但是员工在几个月后离职,这不仅让公司承担了人才流失的压力,还需要让公司再投入时间和金钱招聘新员工。因此,很多公司认为,既然员工是自由人,为什么还要耗费高成本来为竞争对手培养人才呢?这就促使其很自然地削减了培训开支。

在联盟关系中,双方可以进行坦诚的对话,并确定明确的预期。管理者可以直接向员工表达公司愿意为其进行的投资以及希望得到的回报,员工也可以向公司传达其希望获得的技能和经验以及在未来可能为公司创造的价值。

在这种联盟的基础上,雇佣双方可以专注于投资更长期的关系,并追求利益的最大化,这会为雇佣双方带来更大的回报——为公司带来更多的活力,并有效提升员工对环境的适应性。

▪ ▪ ▪ ▪ 让扁平化组织结构在合伙制公司落地生根

维持传统雇佣关系的企业中非常容易出现企业管理者对员工的压制。这一点从自上而下的层层等级管理中可以看出来。层级越多,信息传递就越慢,就越容易失真。在数字化时代,一切都在便捷化,速度成为制胜的法宝，扁平化的组织结构成为企业发展的需要。

对于数字化时代的公司来说，走群众路线是不可违抗的潮流。在管理者想激发员工的积极性、鼓励大家创新的时候，如果公司是那种层层汇报的组织结构，比如自上而下有五六层、七八层的组织架构，那大家还怎么创新呢？

试想一下：某个员工有一个创意，可是他不知道这个创意是否可行，于是他要跟他的主管汇报；主管做不了主，要向总监汇报……这样层层汇报，等到两三个月之后，才能得到公司一把手的确切答复，才能知道到底可行还是不可行。员工在苦苦等待之后，创新的积极性恐怕早已丧失殆尽，甚至可能等来一个否定性的答复，他会不会感到很受打击呢？在这种情况下，谁还愿意积极大胆地创新呢？

相比之下，在合伙制公司里，公司组织结构是扁平化的，某位工程师有了创意，不论是否可行都可以直接向上级汇报，再不然让用户评价，从而迅速得到关于这个创意的反馈信息。不行的话，就立刻修改。这就大大提高了信息互动的效率，降低了创新的时间成本，使得员工的创新热情进一步得到激发。

其实，很多企业老板都知道扁平化组织结构的好处，但是经常一放手就乱套，于是只好再次采取军队式的多层级管理。那么，怎样才能避免一放就乱，让扁平化组织结构落地生根呢？

主要合伙人各司其职，互不干涉

为什么很多公司在推行扁平化组织结构时，往往一放手就乱呢？口说无凭，让我们先来看看一家企业的做法，就不难明白其中的症结了。

众所周知，2019年之前，小米公司是执行扁平化组织结构的典型。早期的小米公司之所以能够维持扁平化的加速度，最关键的一点是小米公司的八位合伙人分工明确：雷军是董事长兼CEO，林斌是总裁，黎万强负责小米公司的营销，周光平负责小米公司的硬件，刘德负责小米手机的工业设计和供应链，黄江吉负责米聊产品，洪锋负责MIUI，王川负责小米盒子和多看。这八位合伙人不仅经营理念一致，而且都有管理过几百人的团队经验。更重要的是，他们都能一竿子插到底地执行任务。

小米公司为什么放开管理后不会乱？因为它的每一块业务都有一位核心创始人负责，因为这八位合伙人都是公司的老板，公司经营效益的好坏直接关系到他们自身的利益。这就使得他们会努力地管好各自负责的领域，完全不用其他合伙人担心。这就是推行扁平化组织结构的关键——一定要有核心合伙人负责把关。

快速反应就要少做事

扁平化组织带给企业最大的优势就是快速反应，怎样才能把这种快速发挥到极致呢？用小米公司创始人雷军的话说就是"少做事，才能把事情做到极致，才能快速反应"。

为什么要少做呢？雷军有个业内闻名的"小餐馆"理论。在他看来，小餐馆成功不成功，标志是有没有人排队。成功的小餐馆一般都有两个特点：第一，小餐馆的大厨一般都是老板，而且每天在饭店里盯着，跟来的很多熟客都是朋友；第二，小餐馆的大厨有很强的定力，他们往往会把做产品放在第一位，而不是把赚钱放在第一位。相比之下，很多小餐馆为了赚钱，不断地搞连锁，不断地开分店，结果利欲熏心之下，经营理念一步步被扭曲了，好的东西也越来越少。

在雷军看来，只有把做产品放在第一位，把产品做到极致，才能确保扁平化组织结构的快速反应能力长驻。

■■■■ 让符合条件的员工成为合伙人

随着数字化时代的到来，传统雇佣关系在越来越不适应企业发展要求的同时，还对企业老板与员工之间的关系带来了一定的负面影响。比如，有的员工就持有这样的观点：公司和我是等价交换，一方出钱，一方出力，老板提供多少薪水，我就做多少工作，凭什么让我为公司多做贡献？有的老板则认为，员工是自己花钱雇来的，为公司创造利润是天经地义的事情，不多尝试怎么知道是不是能创造利润。于是，传统雇佣制企业中容易出现老板和员工互相嫌弃的情况：老板嫌弃员工做事少，不配得到高工资；员工嫌弃老板抠门，要求多，给的工资低。

时间一长，老板和员工之间的矛盾就容易激化。此时，如果有该公司的竞争对手对该公司的员工伸出橄榄枝，或者员工自认为找到了比在该公司更好的发展机会，员工通常会选择离开公司，投奔对方。即便没有选择离职，员工也会在工作中心不在焉，只把完成基本工作当成目标。

也许有人会说："既然员工觉得老板工资给的少没干劲儿，提高他们的工资不就行了吗?"话是这样说,可单纯提高员工工资并不能从根本上解决问题。我们可以来算一笔账。

假如一家公司有100名员工,每名员工每人每月工资增加300元,那么一年下来,该公司光工资方面就要比员工涨薪之前增加36万元的支出。更别说"五险一金"等相关支出也会根据当地政策有所增加。就算该公司的老板同意增加这笔开支,涨薪的效果如何呢?

相信身在职场的各位都很清楚,300元的工资涨幅能起到的激励作用相当有限。而且,因为是普遍涨薪,还会引发一些员工的牢骚。因为在这些员工看来,自己对公司的贡献比同事A要大,老板真是有眼无珠,凭什么同事A的工资涨幅跟自己一致?

一旦这样的情况出现,感到不平的不仅是一些员工,还有老板。在老板看来,自己承担了上涨的费用和必要的风险,竟然还不能让员工跟自己同心协力,真是"得不偿失"。而要消除这种"双输"的局面,就需要双方调整自己的心态和认知。要想实现双赢,最好的办法就是用合伙制代替雇佣制,让符合条件的员工成为公司的合伙人。

这是因为,对于优秀员工而言,传统雇佣制能提供的上升渠道相当有限。尤其一些公司喜欢讲究论资排辈,进公司较晚的员工即便能力出众,也很少有在晋升方面超越前辈的机会。如果公司能够提供合理的晋升渠道,优秀员工自然就会对公司产生非同一般的向心力。而这一点在合伙制公司可以得以实现。这样一来,优秀员工一旦抓住机会,成为公司的合伙人,就会从"给公司打工"变成"给自己打工",其主动性和积极性可以得到最大程度发挥。

对于一般员工而言,优秀员工的晋升让他们看到了希望——只要自己努力成为优秀员工,就有晋升为合伙人的可能。既然如此,为什么不努力争取一下呢?这样一来,大部分员工工作的积极性、主动性就会充分地发挥出来。

当然,晋升只是职场的一个方面,为优秀员工提供合理的上升渠道也只是合伙制的优点之一。此外,合伙制可以带给合伙人共享资本、财产、分红等,还可以带给合伙人参与经营、决策的机会,并为合伙人创造内部创业的条件。这些才是合伙人真正融入公司、找到真正归属感的基础。下面来看一个例子。

某企业是一家以餐饮业为龙头的综合性企业集团。由于外部环境的变化,行业竞争加剧,该企业的餐饮业务面临着空前严峻的形势,效益也受到了严重影响。为了缓解餐饮业务的压力,坚定员工对企业的信心,提升员工的工作积极性,该企业决定,将旗下从事餐饮业务的某几个分店作为试点,试行股权改革(即实施员工持股计划)。

该企业的具体做法主要包括以下四个方面。

第一,由集团牵头设立员工专项基金,专款专用,且有员工代表参与基金的管理。

该企业没有选择员工直接持股的方式,而是采取了由集团牵头在内部设立员工专项基金、员工从基金认购股份的方式。其中的股份即来自试点门店。认购股份的数量则由员工的经济能力决定。如果员工想退股,企业也是采取由基金回购股份的方式,且不考虑溢价收购(目前,回购主要包括低价、原价、溢价三种方式,个别有零对价[①]的情况)。

需要注意的是,员工专项基金属于专款专用,且由民主选举出来的管理者和员工代表组成的基金委员会共同管理。这就在最大程度上保

---

① 此处的"零对价"指零对价转让股权,即股东无须支付任何报酬,将自己拥有的股权或股份完全或部分转让给受让方的一种股权转让方式。

证了员工持股计划的公正性，解除了员工的后顾之忧。

第二，从试点门店的实际情况出发，确定用于实施员工持股计划的股份比例。

试点门店应该拿出多少股份用于员工持股计划呢？这需要从它们的实际情况出发。具体做法是，先由集团派遣专业人员核算试点门店的投入资金（只计算实际投入，不考虑品牌溢价），再由集团高层集体决定。

经过一番科学严密的调研及数据分析，集团高层最终决定，将试点门店总投资的40%作为股权，用于员工持股计划。

第三，确定持股的员工人选。

员工持股计划并不等于全员持股，通常情况下是会对持股人有所选择的。

该企业最终确定的具有持股资格的持股人主要包括以下四类：

第一类是集团的核心高管；

第二类是试点门店的店长、经理；

第三类是试点门店的优秀员工；

第四类是有意愿在企业长期发展的试点门店普通员工。

其中，前两类都属于管理层，是必须入股的。一来，他们的管理能力、工作积极性会直接影响到门店的效益，不入股的话，员工持股计划的激励效果就会大打折扣；二来，如果不持股，身为管理者的他们在管理持股员工的时候就会遇到一定困难，进而影响门店的经营。

第三类可以根据自己的实际经济情况来决定是否入股。该企业规定，符合持股条件的优秀员工必须在企业工作两年以上，且为任职超过一年的现任主管或领班。第四类条件比较宽松，唯一需要考虑的就是经济实力。

第四，规定持股人的出资金额。

一定要让持股人出资，这是该企业执行员工持股计划时的一个重要原则。也许有人会说，不能用技术或者其他非资金形式入股吗？事实上，技术入股确实在一些企业探索员工持股时存在过，但激励效果并不明显。其中一个重要的原因就是，这些凭技术成为合伙人的员工并没有成为合伙人的自觉，很难摆脱打工人心态的困扰，切实地将心态从"为公司打工"转变为"为自己打工"。而真金白银的出资就弥补了这一缺憾。

该企业结合试点门店的实际经营情况和持股人的经济情况，做出了以下决定。

一是，入股的管理层缴纳的入股金额为10万~20万元；入股的普通员工、优秀员工缴纳的入股金额为5万~10万元。

二是，拟持股人如果现有资金不足，可以先缴纳应入股金额的70%。至于剩余部分，可以按月从其工资中扣除。年度分红并不会受入股资金的缴纳方式影响，一律根据持股人缴纳的入股金额的总额进行计算。

那么，该企业的股权改革成功了没有呢？实施改革4个月后，试点门店实现了营收平衡。到了年底，试点门店的效益比前4个月提高了40%。这还只是经营层面的变化。

此外，本次改革还取得了不错的激励效果。加入持股计划的员工觉得自己是门店的主人，是在"为自己打工"，干劲儿十足，遇到困难不再一味地等靠要，而是积极主动地寻求解决方案，加强与伙伴们的协作。未加入持股计划的员工，不仅受积极向上的工作氛围的影响，提升了工作积极性和执行力，还目睹了加入持股计划员工因为持股获得的收益，进而萌生了加入持股计划的心思。

该案例充分证明了一件事：对于成为合伙人的员工来说，合伙制具有长期的激励作用。因为合伙制直接改变了员工的身份——他们成了公司的主人（或者说老板），也改变了员工的心态——他们是"为自己打工"。这样一来，他们就会放下包袱，鼓起干劲儿，与公司密切合作、一起把"蛋糕"做大，进而实现双赢。

需要特别注意的是，公司在进行股权改革、实现合伙制的过程中，不能忽略以下两个方面：一是要对员工成为合伙人的条件和标准进行精心评估。毕竟合伙制并不等于全员持股，即便是选择了全员持股的方式，也需要有一个逐渐完善的过程。这就需要公司在合伙制实施初期优先选择长期效力于公司的优秀员工，然后慢慢地将更多员工引入。二是要让成为合伙人的员工拥有主人翁感。光凭常识，我们就不难发现，一个人既有物质方面的需求，又有精神方面的需求。合伙制提供的股权、分红满足了合伙人的物质需求，合伙制提供的公司经营权分享、公司决策参与则满足了合伙人的精神需求。后者将权力、责任、前景都给了成为合伙人的员工，让他们真正认识到自己是公司的主人。这样一来，他们的积极性、执行力、协作性才能最大程度地被激发出来，他们才会选择与公司共进退。

▪ ▪ ▪ ▪ 关于平台制和员工合伙制

数字化时代的到来，带给企业的不仅是变化多样的外部环境，还有内部管理及组织进化的压力。传统的管理方式正在数字化的冲击下变得摇摇欲坠。为此，许多企业都开始了关于新型组织方式或管理方式的尝试。于是，平台制、自组织、员工合伙制等轮番出场。

那么，是不是这些新的尝试就一定能帮助企业渡过危机呢？是不是所有企业都适合采用这些新型组织方式或管理方式呢？它们和传统的管理方式又是什么关系呢？采用这些新型组织方式或管理方式，需要注意哪些事项呢？……管理者要想实现企业的管理创新，就应该从企业自身实际出发，了解企业在管理方面的真正需求，在此基础上思考和理解这些新型组织方式或管理方式，厘清它们的逻辑，选出适合企业的，而非盲目地追求流行、跟风。

平台制不等于员工合伙制

平台制是一种组织形态的连接机制，又叫分布制、单元制。每个单元或微型组织自主独立经营，连接方式以交易机制为主，权力机制为辅。它与传统的集权型组织形态和管理机制不同，用资深管理咨询顾问李书玲的话来说，就是"平台制的组织划分重点不在于自上而下维度之间的依次排序与变化，而在于一个层级中多个维度的混合出现，以及维度之间的交叉与重叠"。

员工合伙制则是关于企业的治理结构或管理方式的一种设置。采用员工合伙制的企业如果让员工出资持股，改变的就是其治理结构；如果不让员工出资持股，只为员工提供分红、期权等激励方式，影响的就是其管理方式。

平台制和员工合伙制不应该混为一谈，不存在"平台制改造是企业实现员工合伙制的基础"或者"实行平台制的企业必然会实行员工合伙制"的情况。举个简单的例子。在律师事务所中，员工合伙制是很常见的管理方式，但律师事务所并非全是采用平台制这种组织方式的。

平台制并非适合所有类型的企业

平台制是不是适合所有企业呢？肯定不是。从上文的例子里，我们知道，即便是实行员工合伙制的律师事务所，也有采用非平台制组织方式的。不过，这并不能解开我们全部的疑惑，我们还是不清楚到底平台制适合什么类型的企业、不适合什么类型的企业，甚至不清楚律师事务所的例子是不是只是个孤证。而要拨开眼前的迷雾，就需要我们回到企业的商业模式和使命追求的环节去思考。

通常情况下，平台制企业内部有多个松散的细分组织单元，组织单元之间虽然存在着一定程度的协作关系，但关系并不紧密，人在企业业务价值实现的过程中扮演了重要的角色（也就是说，人工成本或服务成本在企业成本中占据不小的比重）。要让这个重要角色充分发挥作用，平台制企业就需要不断地扩大平台规模，让平台营造的生态实现持续繁荣。

这就意味着，内部存在紧密协作关系的传统企业，如果不向服务领域扩张，就很难跟平台制发生任何联系。这是由企业的商业模式和使命追求决定的。

在李书玲看来，这类存在紧密协作关系（即拥有刚性价值链）的传统企业，通常存在三大特点：一是产品的品质、成本和交货期是企业的核心竞争力，企业需要基于统一的资源配置和供应链过程保证投入产出效率；二是刚性的业务链条决定了组织单元与岗位质检存在严格的上下游关系，化为小单元核算是为了整个链条的系统效率；三是企业的设备、技术条件或者原料投入在企业成本结构中的占比往往大于人工成本。

从现实情况出发，要保证此类企业的核心竞争力，就需要严格控制成本损耗，重视生产效率，尽一切努力减少浪费。这也决定了企业在组织方式和激励机制方面的导向。很显然，这与平台制背道而驰。而且，此类企业的组织单元虽然规模较小，但彼此间的关系紧密，不符合平台制企业组织单元独立自主、协作关系松散的特点。至于成本，在此类企业中，人工成本（或服务成本）的占比，跟设备、技术条件或原料投入相比，简直微不足道。

正是以上三大特点决定了该类企业在组织方式上很难采用平台制的命运。

平台制常见的商业价值

平台制常见的商业价值包括两个方面。

首先，平台制重塑了产业链，改变了企业的赢利模式。

此前，不少企业都是依靠信息不对称来获取盈利的，建立在信息不对称基础上的商业模式风靡一时。数字化时代的来临很大程度上摧毁了这种商业模式的基础。数字化的加盟为在平台上寻求合作的供需双方带来了福音。他们之间的距离被大大拉近了，他们对于信息不对称或信息不充分的焦虑被大大缓解了。数字化平台的出现甚至在一定程度上促进了新商业文明的发展。像优步、阿里巴巴、爱彼迎这样的平台制企业展现出蓬勃的生命力。

其次，平台制发掘了新的商业机会，为企业发展提供了新的可能。

有资深专业人士将平台制的这一价值形容为"风景在风景之外"。为什么这么说呢？下面我们来举例说明。比如，供需双方是通过平台来进行连接的，所以平台能全面深入地掌握二者的大数据信息。这样一来，无论是对需求方需求的精准判定，还是对供应商产业链方面的把握，抑或是该行业技术方向的预测，平台几乎都能在第一时间完成。提供该平台的企业如果能在上述方面拓展出相应的业务，其带来的收入，是平台本身的交易费用所远远不能及的。这就为平台制企业发掘了新的商机，为其发展提供了新的可能。

员工合伙制的本质是为了化解"心与心的对抗"

对于企业来说，员工之间的对抗是最大的管理风险。这种对抗普遍存在于老板与职业经理人、管理者与被管理者、上下级以及同级之间。它的存在给企业带来了一系列麻烦，比如项目不能按时交付，团队内部不能进行有效的协作，有创意的计划没有落到实处……可以说，这种对抗带来的破坏力让人防不胜防。为了减少甚至消除员工之间的对抗，企业在考核、监督等方面加大了成本投入。

不过，这并不能从根本上解决问题。让员工之间产生对抗的是他们的心。只有化解这种"心与心的对抗"，企业与员工才会从心灵博弈走向共赢。而员工合伙制就是化解"心与心的对抗"的灵丹妙药。为什么员工合伙制这么神奇呢？这是因为，员工合伙制解决了心与心对抗的根本问题——不能换位思考。

员工之间为什么会产生对抗呢？因为他们在企业运营中扮演着不同的角色，都是站在自己的职业角色的角度上工作及做出决定的。一名普通员工通常不会考虑董事长要做的事，董事长大概率也不会去盯某个项目的细节。不能换位思考使得彼此之间缺乏达成共识的基础。

员工合伙制出色地解决了不能换位思考的问题。它为员工提供了一个改变职场角色的机会。员工通过持股改变了自己的职场角色，从一名专注于本职工作的员工变成了企业的股东，成了企业的主人。角色变了，思考问题的角度也就随之改变了。

在李书玲看来，"员工合伙制本质上是为了调动员工的内在动力和生命激情参与到经营管理工作当中，用角色的改变达成组织内部上下之间基于目标的一致，完成人心的统一，降低管理成本，提升组织效率。从这个角度出发，员工合伙制的设置与运行必然需要'基于使命价值观追求的意识统一'和'相对透明的经营和精细化的核算体系'为基础"。

如果没有这两大基础保驾护航，员工合伙制就会流于形式。从表面上看，持股员工成了公司的股东，实际上，持股只是为这些员工提供了一种新的利益分配形式，员工之间的对抗并没有得到根本性的解决，甚至可能会因为某些员工成为企业的股东而被激化，导致心灵博弈的升级。这样一来，就违背了企业实行员工合伙制的初衷。因此，从某种意义上来讲，员工合伙制对于企业而言，并不是单纯的管理结构调整或是利益分配方式改革，而是"基于组织心法的一次意识革命"。

5

改变传统雇佣关系，实现全员经营

很多时候，人们会习惯性认为，产品能够卖出去就是企业经营的全部。事实上，卖出产品只是企业经营的一部分，就连企业经营也只是经营企业的一个重要环节。经营企业是一个系统工程，企业要实现生存发展、基业长青的目的，除了靠开源节流手段外，还要通过全体员工共同参与经营企业才行。员工参与经营企业，就要改变传统的雇佣关系，让"要我干"变成"我要干"。

▪▪▪▪▪ 企业管理中常见的几大现实问题

改革开放40多年来，中国已经成为世界第二大经济体，世界开始关注中国企业发展，聚焦中国企业管理。尽管中国企业管理有很多可圈可点的地方，但是还存在很多现实问题，主要表现在以下几个方面。

员工被动工作，领导者疲于"救火"

由于企业的责任体系不清晰和合理的价值分配体系没有建立，表现好的员工没有得到相应的肯定和奖励，表现差的员工没有得到应有的批评和惩罚，导致员工工作的主动性、积极性不高，往往是企业要员工做什么，员工就做什么。

员工工作没有积极性，企业领导者经常为下属工作埋单，疲于应付、"救火"，没有更多时间思考自己的工作，很难在工作中有新想法，企业管理水平也难以提高。

员工薪酬越来越高，工作热情不升反降

随着物价上涨，员工对涨薪的期望越来越高。虽然很多企业不断地提高员工薪酬，短期内满足了员工涨薪的愿望，但"幸福感很短暂"，员工的工作热情很快就消失了。员工在工作的过程中经常感到迷茫，往往不知道自己为谁工作而困惑。

事实上，员工工作不仅仅为了获得物质回报，还为了实现自身价值。企业要不断地对员工满意度进行调查，根据员工的需求采取多种激励手段，提高员工的工作热情。

人力资源内耗严重，不为企业创造价值

企业存在的根本理由是获得利益最大化，但是有些企业人力资源

内耗严重，员工之间互相拆台，以致根本不能为企业创造价值。有的员工甚至会有这种想法："我自己工作不好不要紧，但要想办法让周围人的工作比我差，只要我不是最差的就可以。"这种极端想法是不合理的绩效评价体系造成的。

实际上，这只是不能为企业创造价值的一个侧面。知名管理咨询公司华夏基石曾经对国内50家中型企业（产值1亿~20亿元规模，包括20家国企、20家民企、10家外企）进行了抽样调查。调查结果显示，这些企业中竟然有40%左右的员工是不创造价值的。他们的主要工作是应付上级检查，开会，监督其他部门工作和传播一些非正常渠道的信息。

不能为企业创造价值的人在企业中竟然还有生存空间？确实如此。更让人大跌眼镜的是，这些人不但在所在企业如鱼得水，还没有被裁员的风险。他们的存在会严重伤害企业中那些努力工作的人，造成进一步的人力资源内耗，让企业遭受更大的利益损失。

企业要招的人招不到，要留的人留不住

2023年中国高校毕业生达到1158万人。从表面上看，企业对人才有了更多的选择空间。可实际上大多数省份2023年高校毕业生的就业率并不乐观。这其中除了新冠疫情造成的客观影响之外，还跟很多企业没有招到合适的人大有关联。

这种招不到合适的人的情况只是反映出一些企业人才现状的一个方面。另一方面，不少企业还存在着想留的人留不住，不想留的人又请不走，企业内部人力资源沉淀不足，核心人才留不住的情况。

这是什么原因造成的呢？主要是企业的招聘和辞退机制不清晰，企

业内部评价体系不明确，造成了企业冗员和人才短缺并存的情况。

好人吃亏，坏人得志

正如美的集团创始人何享健所言，有些企业中存在好人吃亏、坏人得志的现象。这就使得很多时候员工宁愿做南郭先生，也不愿意做活雷锋。无论什么性质的企业，都难免会有一些混日子的员工。企业虽然讨厌这些滥竽充数的人，但是由于没有合适的价值评价体系而无法及时清退他们。这样的人不但收入不受影响，还嘲笑企业中的活雷锋。而由于价值评价体系的缺陷，活雷锋即使做出了出色的业绩，也很难得到相应的报酬和肯定。

同时，有些企业中也存在一些热衷于"拍马屁"的员工。他们的工作不是履行自己的岗位职责，而是传播小道消息，给上司"擦皮鞋"，以便上司在绩效评价时替自己说话或给自己打高分。上司如果真的这样做了，就会造成新的职场不公，严重损害认真履行岗位职责的员工的积极性，进而引发一系列损害企业利益的事件。

员工围着管理者转，没有围绕客户转

企业生存的根本是获取利润。利润从哪里来？从购买企业产品或服务的客户处来。客户是企业的衣食父母，身为企业一分子的员工应该关注客户，围绕客户来提供产品或者服务。但是，企业中经常出现员工不是依据客户需求，不是围绕客户转，而是围绕管理者转的情况。在这些人看来，客户决定不了他们在企业中的命运，而企业管理者可以决定。造成这种现象的原因是企业对员工的绩效评价体系出现了问题。

企业内部存在信任危机

有些企业内部存在严重的信任危机。该类危机主要体现在两个层面：一是企业老板和职业经理人之间的信任危机。企业老板担心职业经理人没有尽职尽责去工作，职业经理人担心企业老板给他小鞋穿，他们之间没有信任，有的只是互相猜测。二是员工之间的信任危机。有些员工喜欢传播小道消息，传播负能量，喜欢猜测别人干了什么事情，喜欢讨论公司内部八卦，这会使得员工在相互猜测中工作。

部门小团队很和谐，企业大团队不协同

有些企业的管理者本位意识很强，特别为自己的下属考虑。当下属与其他部门的同事发生争执的时候，不管下属做对做错，管理者都站在下属的立场，为下属讲话，以树立自己在部门内的权威。从表面上看，该管理者的行为似乎无可非议，谁不喜欢护短的上司呢？实际上，这是管理者自我崇拜的表现，是小团队的英雄主义。

此类小团队在企业中非常常见。这些团队成员之间很和谐，每次在与其他部门或公司层面进行沟通合作时总能保持立场一致。遗憾的是，这种和谐只存在小团队内部，在企业这个大团队中，他们很少与其他团队进行交流，更难谈得上协同。这就使得企业内部出现分割，各部门过分考虑小团队利益，部门间经常出现扯皮现象。

■■■■■ 破局：让员工从"要我干"变成"我要干"

企业现在遇到的问题都是发展过程中遇到的问题，解决企业问题的关键就是要员工从"要我干"变成"我要干"。要实现这一转变，就需要企业具备良好的企业文化，进行经营机制的创新。而衡量一种经营机制是否适合该企业，主要看企业载体的两个活体细胞——组织和员工的积极性。由此，我们不难看出，组织和员工的积极性直接影响着企业的发展。提高组织和员工的积极性，不仅能解决企业发展过程中的问题，还能为企业的未来注入鲜活的生命力。

提高组织积极性

1. 提高企业的运营效率

企业的运营效率不仅影响企业的市场响应速度，还影响企业资本的周转速度。当企业资本的周转速度变慢时，企业的流动资金就会变少，企业的运营成本也会深受影响，进而影响企业的发展。由此可见，企业的运营效率是影响组织积极性的一个重要因素。

在实际经营中，运营效率变慢还容易让发展中的企业患上结构臃肿的怪病。通常情况下，随着企业规模的扩大，企业的组织结构会变得复杂起来，具体表现在组织管理层级逐渐增加，管理幅度逐步加大，决策层与执行层跨度加大等方面。企业一下子变成了"巨人"。遗憾的是，这个"巨人"带给企业的不是福音，而是坏消息。因为此时企业已经出现执行效率下降、信息传递时间延长、市场响应速度和运营执行效率降低的情形。

很显然，现实已经给企业敲响了警钟。再不改变现状，企业就有丧失生命力的可能。此外，由于企业内部信息链增加，信息节点增多，信息失真的概率变大。而失真的信息可能误导企业的决策，进而使企业面临决策风险。

只有提高企业的运营效率，组织的积极性才能得以提高，上述风险出现的概率才能大大降低。

2. 控制企业的运营成本

通常情况下，企业的运营成本分为有形成本和无形成本两部分。

其中，企业的有形成本就是企业实际的运营成本。在实际经营中，随着企业的规模扩大，企业的人员、办公、管理费用都在增加。而且，有时企业为了有效保障经营，会逐渐设置一些新的部门，如审计、监察部门等，而这些部门的设立必然会增加运营成本。

相比有形成本的清晰可见，无形成本往往是看不见的，但是更加影响企业效益。无形成本包括效率成本和协作成本，它们往往是影响企业运营成本的关键因素。

①效率成本。

效率包括资产效率和员工效率。

先来看资产效率。一旦资产效率下降，企业就会出现资产周转速度变慢、流动资金变少、资产效能不能得到充分发挥的情况。从表面上看，这似乎只是一点小情况，不足为虑。实际上，这会给企业带来两大隐患：一是企业运营成本会在无形中增加，二是企业利润会被隐形吞噬。聪明的企业已经在 KPI 考核中增加了资产效率指标，对企业的生产设备、备品备件等使用效率进行考评监控。一番努力下来，企业产品的成本大大降低，产品的价格获得了竞争力。这样一来，企业产品在行业市场上获得了竞争优势。

再来看员工效率。对于一家企业来说，是不是员工越多越好呢？当然不是。人员多的企业往往会出现一种怪相——互相扯皮现象增加，生产效率不升反降，企业运营效率大大下降，运营成本都大大提升。

聪明的企业为了提升员工效率，专门制定了一套方案，即在合理定岗定编的情况下，采取"五个人的岗位，三个人来干，拿四个人的钱"的方式。这样一来，员工和企业的积极性都得到了大幅提高。

②协作成本。

协作成本包括协调成本和沟通成本，它们之间是相互关联的关系。

随着企业规模的扩大，企业部门之间协调的难度和复杂程度都在增加。权威机构调查显示，在中国企业中，企业内部协调工作会花费高管约60%的时间、中层约80%的时间。数据一出来，很多人都被吓了一大跳。事实也确实如此。在实际工作中，企业管理者最常做的事情就是开会。无论是线下会议，还是线上会议，管理者的日常几乎都被开会填满了。遗憾的是，这样的形式沟通效率不高，沟通成本倒很高。

这还只是管理者的情况。至于员工，由于专业化分工的影响，他们更加关注自己负责的专业领域，眼光局限于自己所在部门之内。这就容易造成部门隔阂，造成部门之间沟通困难。

比如，在快消品企业，生产部门和营销部门为了生产计划调度而扯皮的现象常常出现；在科技企业，部门为现有研发产品是否适销而产生争论的情形常常发生。这些增加的协作成本往往是企业的无形成本消耗最大的地方。

企业运营成本的增加会逐步吞噬企业的利润，造成企业的竞争力下降，影响企业的生命力。因此，企业在对组织中有形成本进行日常的核算外，更要对效率和协作的无形成本进行核算，对每笔开支的投入都要考虑投入产出比，使企业每个业务单元都要成为利润中心，都要创造价值。

3. 提高企业的变革能力

企业是社会的企业，企业要不断适应社会环境才能生存。世界经济周期在缩短，市场环境瞬息万变，企业要有很强的柔性能力和变革能力，要不断依据内外部环境进行组织变革，形成配套的管理机制。

组织变革是指运用行为科学和相关管理方法，对组织的权力结构、规模、沟通渠道、角色设定、组织与其他组织之间的关系进行管理，对组织成员的观念、态度和行为，以及成员之间的合作精神等进行有目的、系统的调整和革新，以适应组织所处的内外部环境、技术特征和组织任务等方面的变化，提高组织效能。

企业要发展，就要不断审视组织运行环境，进行组织变革。在内外部环境变化时，企业要能够不断整合与变动企业资源。变革成功，就会为企业未来发展带来机遇；变革失败，就会使企业丧失竞争力，甚至是生命力。因此，企业组织变革不但有成本，更有风险。这就需要组织拥有适应内外部环境变化的强大变革能力，这样才能不断提高企业的生命力。华为之所以能够成为世界级企业，就是因为它能够不断地根据外部环境变化进行组织创新，使公司的运营效率始终保持在较高的水准上，一直保持较强的企业竞争力。

4. 提高企业的协同能力

现在大部分国内企业都包含多个业务单元，且每个业务单元都有受过良好训练、经验丰富的管理人员和优秀员工。可现实情况是，这些业务单元常常因为目标相互矛盾无法协同工作。与此同时，瞬息万变的外部环境又为企业带来很多变数。企业如果无法适应外部环境的快速变化，再加上内部不协同，就会出现业绩下滑、资源浪费、良机错失的情形。而这些会给企业带来致命的打击。

要走出这样的困境，就需要企业主动去适应外部环境的变化，并做好内部的协同，让行动保持步调一致。成功的企业都是这样做的。因为它们深深懂得，只有提高自身的协同能力，实现业务单元之间的相互合作与促进，才能提高组织的积极性，才能最终实现"1+1＞2"的效应。

稻盛和夫主张的阿米巴经营也是运用了协同能力。在阿米巴经营中，营销"阿米巴"、生产"阿米巴"与研发"阿米巴"相互合作和促进，营销人员始终保持着对市场的关注，将最新的市场动态提供给研发部门，研发人员将产品设计思路与营销人员、生产人员探讨，最终既保证了产品反映市场需求，又实现了内部各单元之间的合作。

提高员工积极性

1. 营造良好的文化氛围

在企业中，良好的文化和工作氛围能够使员工心情愉快，使员工增强对企业的认同感、归属感。

良好的企业文化可以统一员工的价值观，培养员工的积极心态，引导员工的行为。如果一家企业的企业文化积极向上，充满活力，员工就会被这种文化氛围感染，进而将这份感染传递到其他人那里，企业的优秀传统也能随之继承下去。良好的文化氛围能够使员工的工作热情、精神面貌焕然一新。

相反，不良的企业文化或者没有沉淀总结的企业文化，一方面会形成沉闷的工作氛围，容易让员工在企业中没有归属感；另一方面也容易让员工在工作中犯错误，因为员工不知道企业倡导什么，反对什么。另外，没有文化品位的企业，员工会过分地追求物质回报。在这种文化氛围下，又有多少员工能够全心全意地把心思放在工作上呢？又有多少员工愿意为企业的发展贡献自己的才能呢？

因此，倡导积极向上、充满活力的企业文化，营造良好的文化氛围，才是一家企业真正要做的事。

2. 拥有良好的职业发展平台

优秀的人才和优秀的企业是互相成就的。无论是初入职场的"菜鸟"，还是在职场摸爬滚打的资深员工，都希望自己能在一家可以提供良好职业发展平台的企业工作。这样的企业是员工实现理想的平台，员工工作有快乐感，能为自己的职业规划找到落脚点，更愿意为企业的发展发挥最大的才能，贡献最大的力量。

3. 提供良好的职业生涯规划

有时候，不少企业在发展过程中对组织层面的成长考虑过多，对员工层面的成长考虑较少，甚至没有。长时间、高要求的工作让员工容易出现职业倦怠期。此时，如果企业不能及时调整管理策略，员工的选择就剩下两种：一种是跳槽，另一种是沉默。无论员工选择哪种，都会给正在发展中的企业以沉重一击。

企业如何做才能避免上述窘境呢？答案就是为员工提供良好的职业生涯规划。提供良好的职业生涯规划，不仅是提高员工积极性的关键环节，还是宝洁等世界500强企业留住人才的关键。企业要怎样做才能为员工提供良好的职业生涯规划呢？具体包括以下三种做法。

第一，建立清晰的任职资格体系。

清晰的任职资格体系可以让员工了解企业不同层级人员任职的要求。企业和员工都是这一体系的受益者。对于企业来说，选拔员工时有了明确的标准。对于员工来说，能够有目标、有针对性地提升自己的专业技能和绩效水平，有利于自我完善。

第二，建立明确的晋升制度。

清晰的晋升制度体现了公平、竞争性的原则，能够让员工进行自我选择，让绩效优秀的员工获得平等的竞争与选拔，让每名员工的努力得到应有的回报。

第三，为员工提供职业生涯指导。

这种做法可以通过发放职业生涯手册、开展研修班和核心岗位继任计划以及建立职业生涯咨询中心来实现。在明确每名员工的职业发展需求之后，管理者需要帮助他们了解企业能为他们提供的个性化发展道路，并在适当的时候为他们提供培训，在条件成熟的时候对他们进行晋升。

4. 提供与付出相匹配的薪酬激励回报

提供与付出相匹配的薪酬激励回报，是企业吸引员工、留住员工、用好员工的关键要素。这里的"回报",不仅指物质层面的,还包括非物质层面的。为什么员工还需要非物质层面的回报呢?这跟马斯洛的需求层次理论相关。对于员工来说,获得物质层面的回报,满足的是他们的生理需求和部分的安全需求。之后,他们还会有社交需求、尊重需求和自我实现需求。

遗憾的是,国内不少企业对于薪酬激励回报的认知只停留在物质层面,对于非物质层面的回报持忽视的态度。企业的这种态度容易对员工产生误导,使员工变得急功近利,凡事向钱看,把索取报酬视为唯一的工作目标和动力。

为了发挥好的行为导向作用,激励员工,提高员工的积极性和满意度,提供有效的非物质激励是非常必要的。具体来说,这些非物质激励体现在学习培训机会、职业生涯规划、对工作成绩的认可等方面。

需要注意的还是,虽然员工在企业中的薪酬激励回报有多种形式,但有竞争力的薪酬需要兼顾激励性和区分性。如果员工干多干少、干好干坏都一样,那么即使员工工资水平再高,员工的积极性也不会高。

▪▪▪▪ 扫除员工的打工心态

一家玩具生产企业的老板对企业员工的工作积极性深感担忧。在他与员工的沟通中，有些员工甚至毫不避讳地说："我已经完成了我该做的，你说的这事儿和我没有关系。"这句话大多数员工也许不会说出来，但他们确实会这么想。

在他们看来，自己是为企业打工的，是用自己的劳动换取报酬的，每个月只拿那么点儿工资，凭什么去做那么多工作？再者，进入企业时，自己应聘的是什么职位，上班后做好本职工作就行了，往身上揽其他工作不是给自己找事儿吗？只要对得起自己的工资就行了！多干了还不是白干？

了解到员工的这种想法，这位老板感觉很刺心。不过，员工毕竟还知道要做好本职工作，这一点让老板稍感安慰。没想到，后续的事情更让他心惊不已。某些员工甚至连自己的本职工作都不好好干，觉得根本不必那么傻认真，能偷懒就偷懒，能敷衍就敷衍，混一天算一天，混完一个月就领一个月的工资……

这种"我不过是在为老板打工"的想法在很多企业的员工中十分普遍。关于打工心态，我曾做过专门研究，总结起来大概有以下具体表现（见表 5-1）。

表 5-1 打工心态的种种表现

心态类型	具体表现
浅尝辄止型	没有深入研究自己的工作，满足于现状；不愿意学习，怕麻烦，满足于一知半解
拈轻怕重型	工作时偷懒、拖延，千方百计躲避脏活、累活，以少干活为荣，还自以为占到了便宜
嫉贤妒能型	自己不努力，还怕别人表现得比自己优秀，对于比自己强的人百般掣肘
"自相残杀"型	为了拉业务、比业绩，不惜"自相残杀"、互相算计，结果两败俱伤
麻木不仁型	只关心自己的工资，不关心企业的其他事务，整天浑浑噩噩

（续表）

心态类型	具体表现
推诿扯皮型	做事马虎，心态浮躁，遇事推卸责任，给自己找借口，总有理由，没理也要搅三分
心存侥幸型	做事草率、冒失、糊弄，出了事就开始装可怜，说"我也没想到会这样"
制造麻烦型	满腹牢骚、怨恨，暗中诋毁老板、同事，故意浪费生产材料，存心不让别人好过
得过且过型	对自己说："反正就是打工，干吗那么积极？差不多就行了，干一天是一天，也不打算一辈子在这儿干。"
看人行事型	不把心思放在工作上，而将其放在投机取巧、逢迎拍马、寻找靠山上，到处拉关系、搞人情
聪明过度型	没好处的事情坚决不干，见别人干了额外的事情还冷嘲热讽
利字当头型	发现问题不及时提出来，明明能解决的不解决，能三天解决的偏要拖一个星期，反正觉得造成了损失与自己无关："让我解决是吗？给我加薪吧，给我加班费吧！"

不可否认的是，表5-1中这些打工心态的存在，除了与员工自身的素质、心态有关，跟企业制度也大有关联。有的老板抱怨员工素质低、责任心差、职业素养差，其实这并非打工心态存在的根本原因，根本原因在于企业制度不合理。

在传统的雇佣制企业中，企业与员工是雇用与被雇用的关系，很多时候员工工作大都只求达到要求，工作完成的质量普遍并不高。

虽然企业时刻不忘鼓励员工发扬主人翁精神，但是有多少雇佣制企业能给员工主人翁的感觉呢？什么事情都是老板说了算、高层管理者说了算，再好的创意和想法，一旦领导者不同意，员工就必须放弃；再好的执行办法，只要领导者不满意，员工就必须改弦易辙。可以说，员工的表现取决于领导的评价。

在这种情况下，员工不仅难以发挥真实才能，也很少有发表意见的机会，怎么发扬主人翁精神？没有主人翁精神，就意味着凡事听命于人，这不就是"打工仔"吗？想让他们没有打工心态很难。那么，怎样才能消除员工的打工心态呢？

用合伙共创制代替经理人代理制经营企业

经理人代理制一直是大多数企业采用的经营机制。这种机制下，无论是老板，还是员工，往往都追求自身利益的最大化。对于采用该机制的企业来说，会有越来越严重的冗员、浪费和竞低问题，而且容易形成劳资矛盾，让企业陷入无穷无尽的管理之中而不能自拔。

选择合伙共创制，就从根本上奠定了经营者思维。相比之下，在选择合伙共创制的企业中，很多优秀员工都有机会入股，分享公司的股权，享受公司的盈利。这就像是一家人都赚钱，能让家庭生活得更好，大家都受益。如果为企业创造价值，就是为自己赚钱，大家当然会努力工作。所以，要想彻底消除员工的打工心态，还须从源头上行动，即用合伙共创制代替经理人代理制来经营企业。

对员工的打工心态进行适当疏导

如果说改变企业经营制度是治本的话，那么，对员工的打工心态进行疏导就是治标。标本兼治、双管齐下，才能更好地消除员工的打工心态。贸易公司员工杰克的例子会给企业老板带来一定的启发。

杰克是一家贸易公司的员工。他刚刚在公司工作了一年，就已经对自己的工作满腹牢骚了。为此，他经常在一位与他关系不错的朋友面前抱怨："你看看，我每天要做那么多工作，公司每个月却只给我那么一点儿工资，真是太不值了，太浪费我的时间和才华了。不行，再这样下去，我肯定会辞职的！"

朋友没有一味地安慰他，而是问了他一个问题："杰克，你在贸易公司工作也有一段时间了，你把贸易公司的业务都弄清楚了吗？"

杰克悻悻地回答："没有。"

朋友看到杰克这个样子，并没有盲目地说教，而是给他出了个主意："杰克，我清楚你对公司老板不满。不过，如果你想让他后悔或者'报复'他。我建议你还是不要轻举妄动，先静下心来，努力工作，争取在尽可能短的时间内把像贸易公司组织、经营销售技巧及相关商业文书等掌握了，然后再辞职。到时候，你可以选择去一家比现在更好的公司，甚至可以直接去竞争对手的公司（可能涉及竞业协议，具体操作时请谨慎）。这样一来，你不就用实际行动证明了老板的眼光很差，不识千里马了吗？"

杰克觉得朋友这个主意很靠谱，决定亲自去实践。此后，他一改过去懒散的工作习惯，开始认真投入工作，开始认真学习朋友提到的那些知识和技巧，下班后也努力钻研与公司相关的贸易问题……

一年时间很快过去了。某天，杰克遇到了之前给他出主意的朋友。朋友说："都一年了，那些贸易常识和技巧你都掌握了吧？现在是时候离开了。"

杰克微笑着摇了摇头，对朋友说："可是，我现在一点也不想离开了。现在老板对我很器重，给我升职加薪了。同事们也都很尊重我。我在公司很开心。"

……

杰克为什么会有这么大的变化呢？也许此前他还有和老板赌气的念头，但在这一年中，他主动去学习相关知识和技术，渐渐明白了一件事——他是为自己工作，而不是为老板。当一个人抱着"为自己工作"的心态对待工作时，他的表现绝对会让老板欣赏。作为企业老板，有必要好好地消化这个例子中杰克朋友的智慧，在与员工谈心时，适当地引导员工："不为公司着想，也要为自己着想，好好工作，多在工作中学习和提高自己，对自己将来也是很有好处的。"这样或许更能让员工认清工作的意义，更能让员工换个角度去看待工作，激发其工作潜能。

■■■■ 培养员工的老板意识

企业要做到以下几点，才能培养员工的老板意识。

树立员工的主人翁意识

美国管理学家大卫·麦克莱兰在谈到授权时指出："权力激励的目的，是使人感到有权力。换句话说，既然让人做主，就应当使他真正像个主人。"

一旦员工拥有主人翁意识，他们的工作值就会跟着增加，潜能也会被激发，甚至会让他们在潜意识中认为"我最重要"。员工如果能把工作当作自己的事业去努力，就一定会主动承担起责任，更加认真地对待工作。

在西门子公司，员工被普遍定义为"企业内部的企业家"，获得公司高度的尊重，哪怕刚加入不久的新人也是如此。每名员工都是公司的主人翁，有权决定公司的前进方向，并有资格享受公司的红利。只有员工取得了成功，公司的价值才会增加。正是这种员工利益至上的管理理念，让西门子公司取得了成功，屹立多年不倒。

假设一名缺乏主人翁意识的员工的工作值为 70 分，那么一名具备主人翁意识的员工的工作值可以达到 100 分，并且越是公司面临危机时，这个数值就越会高涨。

某年，经济形势不佳，外部环境恶化，某公司为了渡过难关，打算裁员"过冬"。这天，老板将公司全体员工召集到一起开会，准备宣布这个令人伤心的决定。但当看到大家沉重而不舍的表情时，他突然临时改变了主意。他让助理发给每名员工一支笔和一张纸条。纸条上面是一道选择题："请选择您认为自己在公司中的作用。A 我不重要；B 我最重要。"

几乎所有员工都选择了答案 B，对于答案 A 都不约而同地不屑一顾。老板看到员工齐刷刷的回答后，马上严肃地宣布取消裁员计划，并表示：无论多么困难，绝不削减一个人。第二天，他让人在公司大门口立起了一块醒目的标语牌，上面写着四个大字："我最重要！"

从这天起，所有员工在上班前经过标语牌处，都会自觉地在这块牌子下面行注目礼。这四个字让人热血沸腾，没有人愿意做公司里多余的人，那会让人感觉耻辱，也没有人再像以前那样不关注公司的现在和未来。此时员工终于发现，公司就是自己的家，如果它垮掉了，自己就将无处可去。经过全体员工团结一心地共同奋斗，该公司摆脱了经济形势带来的不良影响，重新开始赢利。

为什么这家公司会重新赢利呢？它的成功之处就在于公司老板通过这种近乎冒险的方式，激发了员工的主人翁意识，让员工完成了从害怕自己失业到害怕公司像家一样垮掉的精神转变，以百倍的积极性努力地投入工作，迸发出了前所未有的创造力，最终挽救了公司！

树立员工的主人翁意识，必须在精神上和经济上共同下功夫。精神上的归属意识产生于全身心的参与。员工认识到他们的努力能够发挥作用，认识到他们是全局工作中不可缺少的人，就会更加投入。同时要使他们全身心地参与，还必须让他们在经济上与企业共担风险，共享利润。

在平时的管理中，该如何树立员工的主人翁意识呢？

第一，要给员工提供良好的待遇。

一个人生存最基本的需求要依靠在企业取得的工资和福利。在收入上，让每名员工都满意是不太可能的事情，但是待遇要能够满足员工最基本的生活需要，才能在最基本的层面上留住人才。

第二，要帮助员工进行职业定位。

一些人选择在企业工作，不单单是为了获得相应的工资待遇，更注重自己在企业中的位置与个人价值的体现，以及未来价值的提升和个人发展。让员工在工作中成长，实现自我价值，是让员工对企业建立起归属感的关键一步。一般的做法是，当某名员工在某一职位得到充分锻炼，有能力承担更高职位时，企业可赋予他新的职位，让他有一个上升的空间。

第三，向员工灌输"我最重要"的思想。

一来，要让员工明白，他是可以帮助一个部门乃至整个公司走出困境的人。只要他愿意，并坚决执行管理者的决策，他创造的价值就会无穷大。二来，要让员工明白自己对公司的价值，产生工作自信。只有这样，员工才会和管理者站在同一个立场，守卫同一个战壕，积极地执行管理者的工作安排，从而实现管理成本的节省。

第四，建立命运共同体。

所谓建立命运共同体，就是指企业运用一定的方法和制度，使员工与企业的发展紧密相连。很多企业采用股权激励的方法，使员工忠于企业，他们不但对企业的中层管理者分摊股权，而且允许并鼓励普通员工认购企业的股权，让员工可以享受到红利。持有股权的员工自然更关心企业的未来，工作也会更努力。

第五，给企业另一个"家"。

管理者应该像对待家中的亲人一般，把自己的热情送到每名员工的心坎上，而不是只做一些表面上的文章。当员工生病时，管理者要去慰问；当员工生日时，管理者要记得送上祝福和礼物；当员工遇到困难时，管理者要及时提供帮助。这样做的目的，就是要让员工感受到管理者对他个人的关心，使他感到自己是企业大家庭的一员。员工有了这样的认知之后，就会把企业的事看作自己家的事，自觉地承担起责任。这样，企业内部就能上下沟通，形成融洽的氛围。

让员工自己领导自己

杰克·韦尔奇被众多媒体誉为"20世纪最伟大的CEO"，是有"全球第一职业经理人"之称的商界传奇人物。自1981年担任通用电气CEO以来，短短20年时间，韦尔奇把通用电气从一家痼疾丛生的超大企业变成了一个健康高效、活力四射、充满竞争力的企业巨人。那么，在韦尔奇的眼里，什么才是最好的管理方式呢？是紧紧控制，还是无为而治？是尽最大可能地紧握大权，还是放手让员工去干？到底怎样做才算是合格的管理者？对此，韦尔奇给出的回答是："管得越少，成效越好！"

习惯相信自己，放心不下他人，经常粗鲁地干预别人的工作过程等，这是许多管理者的通病。不过，他们自己不以为意，觉得这就是管理的常态。但问题是，他们的做法会形成一个怪圈：上司喜欢从头管到尾，越管越变得事必躬亲，独断专行，疑神疑鬼；同时，下属越来越束手束脚，养成了依赖、封闭的习惯，把主动性和创造性丢得一干二净。

韦尔奇对管理的理解是"越少越好"。他强调过去的管理者是经理，表现为控制者、干预者和约束者等；而现代管理者则是领导者，主要表现为解放者、协调者和激励者。

思科公司总裁约翰·钱伯斯曾说："或许，我比历史上任何一家企业的总裁都更愿意放权，这使我能够自由地去旅行，寻找更多可能的机遇。"

多想、多看、少说、少干，这是管理出成效必须掌握的原则。管理者如果没有掌握或违反了这些原则，在管理中就会遇到困难。曾任美国山达铁路公司总经理的史特莱年轻时就遇到过。

当时是二十出头的史特莱第一次独立带团队工作。公司要求他带领三名同事去测量某建筑工程一处低洼地的水深。年轻的史特莱想尽快完成工作，所以从第一天开始，就身先士卒地投入其中。在他看来，只要他以身作则，下属就能在他的带动下努力工作，效率就会大大提高。

没想到下属并不这么想。他们看年轻的管理者这么卖力，做了不少工作，只是对他赞不绝口，保持尊重，自己却袖手旁观，站在一旁看他在那里忙东忙西。这样一来，工作进度当然不会像史特莱预想的那么快。不过，史特莱并没有被下属们恭顺的假象蒙蔽，他很快发现了自己的失误，明白自己再怎样努力，再怎样身先士卒，如果下属袖手旁观的话，一切也无济于事。于是，第二天，史特莱改变了工作方式，他把主要精力放在指挥监督上，不再事事亲力亲为。果然，团队效率提高了很多。

其实，遇到这样问题的人不止史特莱一个。很多管理者往往会遇到这样的情况：每天走进办公室后，总有员工跑到自己面前说："我昨天的工作遇到了一些问题……"员工来请教问题，管理者如果没有极其紧急的事件肯定要立刻了解一下相关情况，而且会询问一下员工想到的解决方案。于是，员工开始就这些问题向管理者展开汇报……半个小时之后，汇报结束了。这个时候，管理者会发现，员工汇报的那些问题并没有得到彻底解决，而自己原本计划好要做的工作也因此耽误了不少。

客观地说，员工有问题不清楚，向管理者请教是一件很平常的事情。管理者有时还会感觉很高兴：下属积极主动地请教问题，一方面可以提升其业务能力，另一方面也是出于对管理者的信任。可员工几乎每件事都要向管理者请示，管理者会有什么感觉呢？是不是会觉得自己时间不够用，进而觉得自己的管理出了问题，然后开始进行相关检查了呢？

葛瑞德·杜雷尔认为，要明确地告诉人们自己所希望的事项，然后放手让其自由发挥。下面这个例子中的酒店管理者就做到了这一点。

某天，有个人在一家酒店餐厅就餐。他吃了两口牛排，觉得很不合心意，就叫来服务员，想反映一下自己的体验。没想到服务员一听到他提及牛排不合口味，就立刻端走了牛排，并通过对讲机请厨师做一份新牛排，稍后去端。

这名顾客感到很吃惊。他原本以为，服务员只能听听自己的抱怨，并没有直接换餐的权力，没想到对方直接给他换了一份新餐。

对此，酒店人力资源部的主管做了解释："我们希望，员工在单独面对顾客时能够自己独立处理突发事件。比如，有顾客抱怨食物不好吃或者某项服务不到位时，我们的员工不需要事事问主管，而是自己主动思考并解决问题。"

自信的领导愿意放下自己基于权威的虚荣心，下放权力给别人，通过让权与分权让每个人发挥最大的潜能，实现自己的价值。彼得·德鲁克说："在上个世纪（19世纪），主要让劳力工作者具备生产力就好，而到了本世纪（20世纪），主要是让知识工作者具有生产力。"员工如果把企业的事情当作自己的事情去做，企业管理者又适度地下放权力给员工，那么，员工就能发挥更大的潜能。领导者要学会放手，因为这样不仅能使你品尝到置身事外的轻松感，更能增加下属工作的积极性，一箭双雕，何乐而不为？

▪▪▪▪ 企业、员工要实现共赢

企业的财富要靠员工来创造，员工的成功要依靠企业的发展——没有员工辛勤工作，企业就不能创造价值；没有企业的发展壮大，员工的收入、社会地位、个人成就也无法实现。企业发展得好，才能给员工带来好的回报。所以，我们可以得出结论：企业和员工是鱼和水的关系，是齿和唇的关系，是一种互利共赢的关系。

然而，工作中，许多员工总认为自己只是打工者，自己与企业之间只是雇用与被雇用的关系，有的甚至还有意地将自己置于与企业对立的位置，心想这家企业不行了再找下家，反正都是给人打工。这实在是一种错误的想法，他们没有认识到，企业与自己的命运有着千丝万缕的联系；他们不知道，企业的成功与发展不仅有利于老板，也有利于自己；他们不知道，只有自己所在的企业不断地发展壮大，自己才会得到发展和成长。要知道，与企业共赢才是真赢，才是最大的赢。树立与企业共赢的思想，才能在工作中赢得老板的赏识和尊重。

作为一名员工，必须自觉地维护企业的利益，为企业的发展去创造、去努力，使之在市场经济的大潮中乘风破浪，一往无前。一名只想着从企业那里捞取个人利益，而不顾企业兴衰荣辱的员工，是难以取得大成就的，最终也会被企业抛弃。下文中的技术总监就是典型的例子。

为了适应经济环境和行业发展需要，某大型销售公司下大功夫筹建数据库开发和网上销售平台。而且，为了项目顺利完工、投入使用，该公司也花重金聘请了一名技术总监，来负责该项目的开发（该技术总监的薪酬水平已经达到该行业当时的最高水平）。

事情进行得很顺利。没想到就在项目进入技术攻坚阶段的时候，技术总监突然通知公司老板：如果公司不能提供比现在多2倍的报酬，他就会从公司离职，并带走现有的研发成果①。

技术总监的这一动作让老板一下子陷入了纠结中：到底是满足总

---

① 实际上，现有的研发成果属于职务技术成果。该技术总监如果带走它，就违法了。

监的要求，让项目继续进行下去好，还是放总监离开，重新组建团队呢？如果选了前者，即便项目可以继续进行下去，也会让公司开了一个影响恶劣的先例，万一以后有人效仿怎么办？如果选了后者，公司前期投入的大量人力、物力、财力就会肉眼可见地成为沉没成本，项目进行不下去不说，还会损失现有的技术成果。无论怎么选，公司都会遭受一定的损失。

不过，相比之下，为了避免开影响恶劣的先例，公司最后决定跟技术总监解约。技术总监带着自己前期的科研成果跳槽了。遗憾的是，他并没有获得自己预想中的高薪，反而是他携技术成果"逼宫"、致使老东家关键项目搁浅的行为在业内传开了。大多数人都对他这种做法嗤之以鼻。

对于企业来说，更看重的是能够维护企业利益、与企业共赢的人。而案例中的技术总监与老板之间的这种"博弈"是无法"博"出共赢的。

一名员工如果不把企业利益摆在首位，哪怕能力再突出，也不能算是优秀员工。一名员工如果时刻只为自己着想，不仅很难在企业中实现个人价值，也很难成长为企业最需要的人才，甚至会被企业抛弃。这就要求每名员工都要有共赢意识。

当个人利益与企业利益发生冲突时，我们千万不能为了个人私利而置企业利益于不顾。为个人利益而不顾企业利益，或许能够得到一时的好处，但就长远而言是非常不明智的。首先，为了一时小利而损害长远利益是极为短视的做法，这样无异于"捡了芝麻丢了西瓜"。其次，为了个人小利牺牲企业整体利益，企业在因此发展受阻的同时也会波及员工自身。更重要的是，员工这样做有悖职业道德，严重破坏自己的声誉，不但于个人发展不利，甚至还会让自己成为行业淘汰的对象。

只有永远将企业利益放在第一位的员工，才能获得企业领导者的信任和重用，在实现企业整体利益的同时实现自己的个人价值。

对于员工来说，要树立这样的意识：只有企业赢了，自己才会赢。试想，如果员工不努力工作，不认真工作，不热爱企业，不支持企业，企业能发展壮大吗？所以，我们一定要清楚地认识到：企业的前途与员工的个人利益息息相关。

身为企业领导者，必须站在企业利益的角度，建设好利益共同体，这样才能保证企业先赢，从而赢得自己的那份利益。

分享就是价值，共赢就是成功。只有与企业共赢，才是员工真正意义上最大的赢。

▪▪▪▪员工自主经营管理的核心——1532模型

员工自主经营管理，是指在遵循科学管理规律和有效管理哲学的基础上，利用企业的整体目标和共同价值观，分析企业内部的业务职能分配，将企业合理划分为小的经营单元。经营单元与市场直接联系，进行独立的价值评价和核算，并赋予经营单元内的成员以决策自主权，使其对业绩结果承担共同的责任。成员能够决定经营单元内部的任务分配与工作计划安排，充分发挥自己的主观能动性，实现"全员参与管理经营"。

其中，员工价值观和企业价值观一致，是员工自主经营管理的基础，也是所有工作的起点。另外，员工自主经营管理还包含六个方面的优势：第一，它是一种科学管理，是遵循科学管理的一些基本规律的准则的；第二，它是在企业文化指导下的管理，并非完全的刚性管理；第三，它划分了小的经营核算单元，实现了清晰的量化管理；第四，员工在经营单元中的价值创造非常清晰，并根据价值创造实现相应的价值回报；第五，员工是积极主动去工作，而非被动工作；第六，它强调团队，同时也要求全员参与经营，员工都是经营单元的一分子，不是孤立的。

对于中国企业来说，要实现员工自主经营管理，除了要基于企业自身实际经营情况之外，还需要有以阿米巴为代表的先进管理思想和1532模型的加持。那么，什么是1532模型呢？

"1"指一个经营理念，即以经营人心为核心的经营哲学

员工自主经营管理以统一的价值观搭建沟通桥梁，将人心凝聚在一起，以企业目标和价值观为指导，通过经营哲学将员工的目标和行为统一起来，使得全体员工都保持着共同的理念和态度，为企业目标和企业发展而奋斗。只有在"以经营人心为核心"的引领下，员工自主经营才有存在的基础。

"5"指五大系统，即划分系统、核算系统、反馈系统、人才系统和管控系统

划分系统是解决如何将大企业划分成小的经营单元的组织问题的系统。虽然企业规模在扩大，但是经营核算单元在变小，企业被划分

成很多小的独立核算单元。这样一来，企业结构臃肿的"毒瘤"才能被扼杀在萌芽里。

核算系统是解决如何快速、简便和有效地核算小的经营单元的价值创造问题，并能被每名员工快速理解和掌握的系统。企业存在的目的就是盈利，现在很多企业不知道自己盈利在哪里，亏损在哪里，这就需要有一套及时有效的经营数据核算系统，让员工清晰了解经营状况。

反馈系统是解决管理会计核算并将核算结果及时反馈的系统。稻盛和夫创造的单位时间附加值核算系统就是解决这个问题的好方法。企业核算数据出来以后要及时反馈给经营一线的员工，让他们及时了解经营的成果，这就是反馈系统要解决的问题。

人才系统是员工自主经营管理的关键。员工自主经营管理能否有效执行下去，经营长（经营单元的负责人）的数量和质量至关重要。每家企业根据自己的经营哲学建立一套经营长的岗位胜任力素质模型，对于准确地选拔经营长和培训经营长起到关键作用。

管控系统是通过业绩发表的 PDCA 循环（又叫戴明环）。这样可以及时对经营过程中出现的问题进行分析，并为下一步改进的方向提供修正的依据。企业存在问题不可怕，可怕的是问题没有能够及时解决。

"3"指三张报表，即价值核算表、价值评估表和价值分配表

这三张表的核心思想是个人创造价值与企业价值回报协同。员工创造的价值的核算及分配，是企业能够将员工自主经营管理体系持续运作下去的基础。员工最在意自己工作结果得到回报。企业提供符合员工创造价值的回报，能激励他们继续努力，为自己的未来和企业的发展

而工作。价值核算表、价值评估表和价值分配表则帮助企业完成了这一过程，使员工可以清楚地看到自己的劳动成果，也可以让企业清楚地掌握企业运行过程中的经营业绩和发展变化。

其中，价值核算表决定了企业价值如何核算，按照怎样的标准和计算规则来进行核算，保证企业价值核算的公平性、科学性和合理性。

价值评估表就是对经营单元中每名员工的价值进行评估。该表一方面使员工能够清楚地看到自己的经营行为对企业的贡献，另一方面有助于企业综合衡量各经营单元和每名员工的付出与努力是否获得实际收获。

员工创造价值后要进行价值分配，价值分配表是在各经营单元和员工的价值评估结果的基础上，企业和员工之间实现价值分享的体现。该表一方面使每名员工能够了解自己应该从企业拿到什么样的回报，从而感受到自己的努力和付出带来的回报；另一方面也利于企业自身进行合理有效分配。

"2"指的是两大效能提升计划，即组织效能提升计划和员工效能提升计划

企业在管理的过程中要不断地优化，提升组织能力和个人能力，并实现两者效能的提升。两种效能提升的标准要与企业管理的不同阶段相匹配，组织与员工共同成长，才能让企业实现基业长青。

经营人心是员工自主经营管理的灵魂。在这样的理念下，企业构建以人为本的经营哲学，充分信任、尊重员工，按照五大系统构建经营单元系统，在三张报表核算的基础上实现员工自主经营管理，这让以阿米巴经营模式为代表的一些先进管理思想在中国实现本土化成为可能。

■■■■ 实现员工自主经营的四大条件

员工自主经营管理是一种先进的管理方法不假，但它并非适用于所有企业的万能模板。要判断自己的企业是否可以实现员工自主经营，需要根据企业的实际情况。也就是说，企业要实现员工自主经营，是需要具备一定的条件的。具体说来，这些条件主要包括以下四个方面。

确保管理者与员工彼此充分信任

无论是什么类型的企业，经营管理者与员工、经营单元以及经营单元内部成员之间都必须保持充分的信任。只有这样，才能确保所划分的各个经营单元合理有效地运转。

作为企业管理者，一定要对员工的工作能力给予高度的信任，有将经营管理权下放到各个经营单元中去的魄力，使其具有独立核算的权利，让员工深切感受到企业的运转离不开他们的努力。

在各个经营单元之间，只有全身心地信任对方，才能做到高效率和高质量地完成自己所负责的工作。经营单元之间的衔接有助于企业内部实现连贯畅通的沟通环境，信任自己的上下游经营单元能让自己的工作得到最大程度的支持。

作为企业的一名普通员工，要坚信自己的努力与进步关系到企业发展和客户利益，要充分信任自己的合作伙伴，与之实现良好的配合与协调。

综上所述，一家企业只有成员互相信任，才能合理地划分经营单元,并确保其长期有效的运作,才能最终实现全员经营。

确保价值评价科学严谨

在实施员工自主经营管理的过程中,要保证价值评价的科学性和严谨性。在了解各个经营单元的投入、产出和工作任务的难易性时,要本着认真严肃的态度,获得严谨有效的数据和信息,并且踏踏实实地对这些信息进行综合整理和分析,全面考察和衡量各个经营单元的利弊状况,公平合理地分析研究,必要时还要与相关部门进行协商和沟通。只有这样严谨的评价,才能保证经营单元在划分之初就具备所必需的公平性、合理性和公开性。唯有如此,各个经营单元才能在后期充分发挥作用,使企业能够有序地实行员工自主经营管理。

确保经营单元独立运转

企业在实施员工自主经营管理时,一定要保证划分的经营单元具有独立性和完整性,确保划分的过程是按照企业的流程运作的,工作内容符合每个经营单元的工作特性,同时所划分的经营单元能够独立完成任务。

每个经营单元都是为贯彻企业的价值观和原则方针,为某一特定业务而建立的,能够通过钻研创新进行改进的,具有最小的职能权限的小型组织。经营单元有专门的领导者,该领导者负责统筹安排经营单元的工作任务和进度,监督整个经营单元的运转状况,使其能够有明确的收入和支出计算,可以进行独立的绩效核算。只有这样,划分的经营单元才具有有效性,才能长期合理地运转下去,才能保证企业的员工自主经营管理顺利实施。

确保有效的沟通和培训贯穿始终

为了成功实现经营单元的划分，有效的沟通和培训应当贯穿整个过程。

在划分经营单元之前，企业要和员工进行有效及时的沟通。一方面，要倾听来自一线员工的意见和建议，并针对第一手信息进行分析，给予一定程度的重视，保证所掌握资料的完整度；另一方面，要对企业划分经营单元的目的和意图进行沟通和传达，使全体员工理解并接受"全员参与经营"的理念和氛围，这有助于配合经营单元划分结果的实施。

在划分经营单元的过程中，如果出现问题或争论，应当平等地与员工进行交流，充分考虑各方面的意见和建议，保证划分结果的最优化。

在划分经营单元之后，要对划分结果进行传达和解释，保证员工接受这样的企业结构和运转模式，进而充分配合，将自己视为整个企业中的一部分。

同时，相应的培训也必不可少。因为经营单元工作现场的员工如果缺乏必要的知识，就无法根据随时获取的信息发现工作中的问题并找到合理的解决方式。此时对员工进行必要的培训，一方面可以帮助员工更好地在自己的经营单元中做出贡献；另一方面可以使员工知道企业希望同员工一起平等地解决所遇到的问题，使员工内心感受到自己受到尊重。

总之，企业在做大、做强、做久的过程中要保持清醒。在不同环境中，组织变革能力的强弱决定了企业的生命力，而管理模式的创新是提升企业运营效率和价值创造能力的关键。

实现变革的时候有两个关键点——提高组织效率和员工效率。其中，组织效率的提高依赖于实现员工的自主经营管理和组织体系的改变，员工效率的提高需要形成与组织一致的价值观和科学的价值分配。

6

建设一个自组织精英小团队

企业从雇佣制转变为合伙制，可以提高员工的积极性。在合伙制的管理下，企业可以尝试组建不同的小团队，让团队自行管理。本章重点介绍小团队组建的一些方法与技巧。

▪▪▪▪ 自组织精英小团队的特点

小团队比大团队更专注、更有动力，越聪明的人越能更高质量地工作。概括起来，自组织精英小团队有以下几个特点。

扁平化

信息和通信技术的快速发展对管理的冲击，在组织结构方面的集中表现是层次减少和规模压缩。这就使得团队组织结构逐渐由过去的多层次职能分工模式向扁平化网络模式转变。传统团队采用的是层级结构，使得职能过分细化，中层过于庞杂。这种组织模式臃肿、迟缓、缺乏灵活性，成本高。而自组织精英小团队是一种以目标和任务为中心的扁平化网络型组织，能够充分发挥个人的能动性和多方面的才能，而且团队的领导者和团队成员，甚至团队服务的对象，可以通过通信技术实现双向式的交互沟通。这种组织模式使得中层数量大大减少，信息交流更为畅通；节约了管理费用，降低了成本；为成员的工作提供了最大限度的自由，增长了士气，提高了工作效率。

分权化

在传统的团队组织中，信息的收集与传递主要通过众多的中间环节，最后在高层汇总，高层利用这些信息做出决策。高层由于拥有全部信息而获得了特定的权力，觉得自己如同组织的大脑，而把基层员工视为只能被动执行命令的"手脚"。自组织精英小团队则以知识型员工为主，并且以知识和能力权威取代了职位权威。

数字化使信息的获得变得比较容易，而且失去了层级的区别，一些成员因为更接近环境往往能更快更充分地掌握变化的信息。更重要的是，某些情况下，团队成员必须当机立断，不然就会坐失良机。因此，团队内部必须实现决策权共享。只有分权，团队成员才能更有主动权，更能发挥其积极性和创造性。

遗憾的是，分权在传统团队中是很难实现的，在自组织精英小团队中倒是家常便饭。分权化是自组织精英小团队的重要优点。

弹性化

与此前相比，目前组织面临的环境变得更加复杂。传统的分层制组织规模越大，组织行为越僵硬，对外部变化的反应越迟钝。在当今知识经济社会里，由于科技的飞速发展，组织结构必然对此做出反应，弹性化已成为必然结果。自组织精英小团队就是灵活地根据外部环境的变化，适时地对组织结构、人员配置做出调整的结果。

开放化

传统团队是封闭型的组织。如今，竞争的激烈性、环境的复杂性和不确定性，都要求团队组织必须从封闭走向开放。自组织精英小团队是以任务和关系为导向的。为了高效地完成组织交与的目标，我们必须注重建立与团队内部和团队外部的关系，充分调动团队成员的能动性和多方面的才能。只有开放，才能与外部环境进行物质、信息和能量的交流，团队也才能走向自组织。

小型化

小型化意味着组织呈现出精良化发展趋势。组织去掉了一切多余无用的东西，只留下最精干的部分，也就是凡是不能为组织增加利益的部分都要去掉。自组织精英小团队就是企业团队小型化的典范。该团队让组织成员打破原有的部门界限，直接面对顾客和组织总体目标，充分发挥群体和协作的优势，对外部反应快速，自身变化灵活，从而赢得了组织的高效率。

构建自组织精英小团队是目前企业比较流行的一种做法。但是，切记，该团队一般最少要有3人。现在，不少企业里出现了大量两个人的团队，他们并不属于自组织精英小团队，而且绩效普遍很差。为什么这么说呢？最主要的原因就是两个人的团队是不稳定的。尽管我们把两个或以上具有相同目标的人所构成的组织称为团队，但从操作实际来看，一个团队最少要由3个人构成，这是由团队的结构决定的。比如，一个部门有24个人，我们可以把这24个人拆分成8个小团队，每队3人。8队之间再互相PK，绩效立刻可见。PK是数字化时代非常重要的思想。

把大团队拆成小团队是我们现在基于数字化思维组织变革的一种非常重大的方式，也是未来的方向。初创型企业更适合这种方式。

▪▪▪▪▪ 自组织精英小团队的设计思路

自组织精英小团队的设计步骤

由于自组织精英小团队是以任务和关系为基础的，以团队自组织管理为核心，根据需要随时组织或解散为特征的分权化网络型组织结构，因此其组织结构设计应遵循以目标和任务为导向的"战略—结构—路径—职责—原则"思路。其具体设计步骤如下。

1. 确定战略

确定战略，即确定自组织精英小团队的战略目标。该目标具体包括愿景、使命、目标、任务和成果。

2. 厘清结构

厘清结构，用于自组织精英小团队在正常运行过程中成员、目标、环境、资源之间进行系统整合的管理方式和制度。

3. 选择路径

选择路径，即选择自组织精英小团队的运行过程，也就是将战略和目标转化为方案、措施和行动到最后实现具体成果的过程，由一系列动词（如计划、发展、决策、协商、行动等）构成。

4. 明确职责

明确职责，即明确自组织精英小团队在运行过程中各个阶段所需要的人及其扮演的角色和承担的职责。

5. 明确原则

面对如此多变的环境，组织必须做出相应的变革，而这种变革也必须在最基本的组织设计原则上反映出来。

自组织精英小团队设计要遵循以下几个基本原则。

一是目标任务导向原则。

自组织精英小团队虽然有永久性的，但多数是短期性或临时性的。根据目标和任务的变化而变化，一旦目标实现，任务完成，自组织精英小团队便宣告解散，自组织精英小团队的组建、解散和延长十分灵活。另外，在日常运行过程中，外部环境在不断发生变化，这就使得团队完成任务所需的各方面能力也处在不断变化的过程中。因此，自组织精英小团队为了完成目标和任务，必须适时地做出调整，以适应环境的变化。

二是以核心能力为中心原则。

彼得·德鲁克认为，现代的经营理论应该建立在"组织环境、特殊使命、核心能力"这一连串的假设上。因此，从这一角度来说，核心能力实际上已经成为现代组织确立竞争优势的基础，组织的设计应该以组织的核心能力为中心，也就是说，组织的结构要有利于核心能力的获取与保持，要有利于核心能力在竞争中发挥其作用。

三是知识价值最大化原则。

在知识成为组织运营最关键资源的情况下，自组织设计就必须考虑知识的价值能否有效地实现，能否将知识的潜能最大程度地发挥出来。自组织精英小团队作为21世纪的新型组织形式，其组织设计也应该遵循知识价值最大化原则。

四是可塑性原则。

任何组织都有其相对稳定的结构，但传统的团队组织的问题之一在于过于稳定而缺乏可塑性。为了应对环境的变化，我们需要对组织战略经常进行调整，因而也就需要对自组织精英小团队组织内部的结构进行适时的调整。正如享誉全球的组织设计研究专家杰伊·加尔布雷斯所说，"既然变化是永恒的规律，为什么不将组织设计得应变自如呢？所以说，我们需要一种崭新、统一的组织设计，使组织结构以及过程能随不断变化的战略轻松自如地重塑和统一。"

五是自主管理原则。

自组织精英小团队在运行过程中,团队成员会进行自主计划、自主决策与自主协调。自主管理不同于民主管理,虽然两者都有参与管理之意,但自主管理属于更高的层次,能够实现领导权的共享,能够激发员工工作的热情,发挥他们的积极性,有利于提高组织的灵活性。

需要注意的是,自组织精英小团队虽然强调自主管理,但这并不等于组织内的成员各行其是。只有在共同目标和愿景的指引下,自主管理才有生存的沃土。否则,自组织精英小团队将是一盘散沙,无法实现目标。

自组织精英小团队的组织结构设计方向

在进行自组织精英小团队的结构设计时,我们除了考虑上述步骤以外,还应结合团队自身特点,把握其组织结构设计的两大方向。

1. 成立柔性化组织

传统的层级制组织具有纪律严明、精干、重点突出、拥有紧迫的使命感、进行有效的控制和防调等优点,但往往缺乏自主创新的意识,无法适应当今巨变的市场环境。柔性化组织可以弥补这一缺点,它既有利于创造、革新、加快速度,又能在不断磨合中加强控制向心力,保持力量来避免危机。

组织的柔性化可能有多种实施方案,其对应的组织结构未必只有一种固定的形式。实际上,这种特性是未来组织的共同特征。如果说某种组织设计的原则将唯一地确定某种组织结构形式,就会与组织的灵活性原则完全矛盾。

为实现组织的柔性化，企业大多采用团队的工作方式。其类型有两种：一种是工作团队，通常是长期性的；另一种是专案团队，成员主要来自公司各业务单元的专业人员，为解决某一特定问题而组织在一起，通常在问题解决后即告解散。团队的这种工作方式改变了传统组织中高度集权的方式，给予了员工一定的自主权，具有很大的灵活性。

2. 成立扁平化组织

在知识型企业中，个人的价值和影响力更多取决于其掌握信息的多少和创新知识能力的大小，而不是其地位的高低。老板和员工之间由管理和被管理的关系变成平等合作关系。每名员工、每个团队都是创新活动中心和利润控制中心，也是协调中心和自我控制中心。尤其是信息网络技术在企业管理中的广泛应用，使信息和知识主要通过横向传递来实现组织共享和价值的增值。因此，组织只有实现扁平化，才能凝缩知识传递的时间和空间，才能使知识的共享和创造有序而高效地进行。

■■■■ 自组织精英小团队的组建步骤

自组织精英小团队组建大致包括以下几个步骤：确立团队的身份；

确定团队的战略目标；制定团队规章制度以及运行流程；挑选团队成员，建立团队关系；召开团队组织会议，进行反馈和修正。因团队要根据具体职责范围来确定如何召开团队会议，下文重点介绍前几个步骤。

确立团队的身份

自组织精英小团队需要用清晰明确的方式来看待团队自身和团队所从事的工作。为了避免抽象化，团队必须首先确立团队的身份。

1. 命名

通常情况下，团队应该起一个能够清楚表达团队目标的正式名称，成为一个可视的标识系统。

2. 形成团队日程表

从一开始，团队就要对自己的所有重大事项加以记录。通常，团队会确定工作的完工日期及达成成果的预定时限，规定一系列重大外部事件（如重要会议等）的日期。这些日期就是团队的日程表，团队可以粗略地估计活动的阶段和步骤。

3. 确定团队工作的地点

团队要注明工作的地点和工作的相关联系方式。

确定团队的战略目标

团队战略目标包括愿景、使命、目标、任务、成果。

团队战略目标代表一套从抽象到具体的概念系统。尽管不同组织有不同的表现方式，却具备共同的主线。如果建立共同的愿景和使命只是流于形式，就起不到应有的作用；如果建立的共同愿景和使命能够成为团队工作的基础，就会成为团队力量的源泉。

目标介于无形的愿景和实际的成果之间，其将使命定义为几个切实可行的分目标，当目标的数量最少时是最有效的。目标提供动力，是工作任务流程的起点，有助于展望未来的成果。

制定团队规章制度以及运行流程

自组织精英小团队的规章制度，具体包括人员、目标、环境、资源四者之间系统整合的管理方式和制度，尤其是内部的管理和激励制度，有助于团队在运行过程中有章可循。

自组织精英小团队的整个运行流程，是完成任务和维护关系的过程，也是将目标转化为行动直到最后实现具体成果的过程。在自组织精英小团队的运行过程中，完成任务流程和维护关系流程是彼此渗透的。团队成员只有通过在相互交往的同时，致力完成各种不同的任务，才能实现共享的目标。

挑选团队成员，建立团队关系

1. 成员挑选前的准备工作

结构设计好之后，自组织精英小团队就要考虑挑选团队成员了。在挑选自组织精英小团队的成员前，要做好以下工作。

（1）更新对团队成员的理解。

自组织精英小团队作为 21 世纪的一种新型组织形态，对成员的理解与传统工作团队对成员的理解大不相同，主要表现在以下两个方面。

①成员是知识工作者。

20世纪人类最伟大的转变，先是蓝领工人的崛起，继之则是知识工作者兴起，取代蓝领工人。两者最大的不同是，知识工作者可自行掌握生产工具——知识，而知识只有靠终身不断学习才能持续拥有。传统组织的成员大都是蓝领工人，他们以个人为基础，主要依靠自己的体力完成既定的任务。而对于自组织精英小团队来说，其成员大都是具有互补技能的知识工作者，他们通过对知识的掌握和运用合作完成既定的任务。

②成员是共同创造者。

传统组织中的员工是按照上级的命令从事工作的人，他们不需要思考，只需要"照章办事"。人们形象地将组织中的领导者比作大脑，把员工比作双手，这种现象被《第五代管理》的作者查尔斯·萨维奇称作思考与行动的分离。自组织精英小团队的员工不再是被动的行动者，而是思考与行动相结合的有机体；工作对于他们来说不再是上级强加给自己的任务，而是发自内心的愿望；员工不再被称作雇员，而被称作合作伙伴和共同创造者。

（2）明确团队成员的定位。

要想组建一个自组织精英小团队，就需要拥有不同技能的员工、明确的员工分工以及团队中必不可少的三类人才。这三类人才分别是具有专业技能的组织成员、具有决策能力的组织成员、具有处理人际关系能力的专业成员。另外，属于这三类人才的员工不能过多，也不能过少。只有合理分配，才能组建高效率的团队，发挥出超强的绩效潜能。

准确的员工定位，应该是企业高度重视的内容。自组织精英小团队中一共有九种角色：创造革新人员、探索倡导人员、评价开发人员、推动组织人员、总结生产人员、控制核查人员、支持维护人员、汇报建议人员以及联络人员。通常来说，绝大部分人都有承担起任何一种角色的能力，但愿意主动承担的角色只有其中的两三种。一个组织管理者要充分把握个体带给团队的最大个人优势，并使工作与员工的个人能力或偏好相一致。

只有每一个成员都充分认识和理解自己在团队中的角色，并且明确其他成员的角色，才能围绕团队目标构成一个整体。团队内部结构合理、步骤协调，外部整体如一、坚强有力，凡事做起来就容易事半功倍了，实现团队目标也就轻而易举了。因此，每一个成员都必须清楚地知道自己的责任和权限，只有这样才能够将团队整体的能力发挥到最大。

然而，在现实中，一个团队成员的自我角色定位和团队其他成员对他的角色定位，即别人对他的期待，往往存在明显的差别。这就会导致这样情况的出现：大家一起协作时，别人会对他产生或者抱有许多对他的角色来说超额的期望甚至超负荷的要求，而这些是工作手册或者相关条文中没有明确界定和规定的。因此，自组织精英小团队必须通过集体的讨论，协调利益，统一思想，对每一个角色都要达成明确的、一致的期望。

如果不这样做，这种期望差额就将制造角色定位的混乱和模糊，造成利益关系的冲突，最终使团队内部关系交错复杂，成员习惯相互推诿和埋怨。也正因为如此，高效的团队总是保持着恰当的规模，充分发挥每一个成员的最大效能，使每一个成员正好被需要，并且能出色地完成工作。由此可见，高效的团队都能平衡所有成员，取长避短，通过合理的分工、有效的平衡力、相互信赖和协作，使整个团队达到所期望的共同目标。

一个人要清楚自我角色，就要给自己一个准确的定位。要管理一个自组织精英小团队，就要明确分工，而分工必须走完以下几步。

第一步，把握分工的指导原则。

分工的指导原则主要包括：成员之间要了解自己和别人的期望值和被期望值，看准并抓住机会，掌控好协作；所有团队工作都要以提升团队价值为核心目标；理解并接受分工的必然性，必然有人承担有趣且有挑战性的工作，也有人承担乏味且烦琐的工作，这种机会和责任对一个人来说不但是必然的，而且是交替出现的；每一个成员的重要性和存在意义就在于为团队奉献自我独具的能力、兴趣和特长；每一个成员都是团队的老板，而不是团队的打工仔，团队高效成功人人有责，否则你就不能真正融入集体；同时，在团队中，应从不同的角度平衡个人知识、洞察力和技能的结构，认识到对于一个既定的项目或者机会来说，不同的分工结构会决定着对这个项目或机会的不同理解和不同反馈，可谓是分工的"差之毫厘"，执行的"谬以千里"，结果的"面目全非"。

综上可见，分工是一个过程，需要了解，需要时间，更加需要围绕团队的中心目标的向心力。把握了团队的分工指导原则，实质上就是把握了自我定位的指导思想和规律。

第二步，了解团队角色的种类。

每一个团队都有不同种类的角色。团队成员的功能、地位是基于团队目标而形成的。除了角色的功能、地位外，还要根据个人的技能、专长、兴趣爱好等因素来安排合适的角色。另外，有时一些帮助作用的任务角色和辅助性的维护角色也会促进团队目标最大化和结果最优化。表 6-1 即以举例的方式来说明团队成员的角色分工。

表 6-1　召开会议时团队成员角色分工

角色类型		举例
选定性角色	团队主办者	培养团队领导者，提出意见和建议，给出客观批评性思考，消除障碍，提供信息等
	团队领导者	构思，规划，制定战略，加强管理，实现目标
	团队成员	负责既定工作，参加会议，贯彻规章制度，引领专业领域的发展
功能性角色	工作描述和职位不同的角色	负责广告、财经、销售、设计、培训等
	专业领域不同的角色	负责科技、战略发展、分析等
任务性角色	创始者	提出任务、目标或行动，定义问题，建议规程
	信息收集者	弄清事实，做恰当的讨论
	意见收集者	搜索、汇集意见，并对有价值的意见和建议做出选择
	耳目	反馈事实和意见
	澄清者	解释或阐释意见和思想，限定期限，解除疑惑
	概括者	收集意见，声明建议，概括信息，为参考者提供选择
	检验者	对意见做出判断性分析，根据数据检验建议的实际可操作性和现实效果
	定位者	根据目标确立考察和跟踪的团队
	跟踪者	紧跟团队，担当体验官
	记录员	将团队讨论（尤其是决定和要求）形成文件
辅助性角色	协调者	促成一致，缓解紧张气氛，寻找不同，求同存异
	门卫	保持通信线路畅通，参与建议程序的制定
	公众舆论预测者	团队临近决策时，预测团队可能提出的解决方法
	鼓励者	对他人进行友好的反馈，肯定和赞扬个人贡献
	妥协者	提议妥协，不断做出修改，达到团队的团结和发展
	标准制定者	为了达到团队目标和实现评估过程而为团队制定成功标准

了解一个特定的团队的"工种"，才可能按照其标准来寻找和培养

最适合的角色。就像一间有洞的旧房子,要根据洞的大小来准备材料,才能将房子补好。

第三步,根据团队的性质及目标,利用适当的工具,确定个人具体角色和职责。

角色定位的工具很多,不同团队、不同角色,要用不同的工具加以测评。这和团队的需要、个人的各种因素紧密相连,是主观因素和客观因素的结合。

我们还以会议为例,根据个人的因素通过以下测试表(见表6-2)来确定谁适合哪个角色,把最恰当的人放在最恰当的角色上。

表6-2　个人角色测试表

角色\姓名	任务性角色									辅助性角色				
	创始者	信息收集者	意见收集者	耳目	澄清者	概括者	检验者	定位者	跟踪者	记录员	协调者	门卫	公众舆论预测者	鼓励者	妥协者	标准制定者
A																
B																
C																
D																
E																
F																
……																

表6-2的操作步骤如下。

①独自完成个人角色测试表。

如果你喜欢或者想做这个角色,请在空格内打"√"。

如果你不喜欢或者不想做这个角色，请在空格内打"×"。

如果你认为这个角色你难以胜任，请在空格内填入"No"。

②团队每一个成员都要填写个人信息，并做出单项和综合分析，同时也对团队的其他成员做出判断。

③根据②的分析结果，讨论和预测团队的现实的或潜在的动力何在。

④检测、评估自我定位是否符合别人对自己的期待和定位。

这个过程可以具体确定自我在团队中的位置，清晰自我在团队中扮演着怎样的角色、承担着怎样的职责和义务、应该发挥怎样的作用。这是团队给个人的定位，也是成员给自己的评估和定位。但是，如果角色定位就因此而结束，就功亏一篑了。

第四步，权衡团队整体，发挥优势。

即使每一个人的角色定位和自己的知识、洞察力、愿望等方面相吻合，在组建团队的时候也并不一定是一个整体功能结构协调、布局合理、内外通达的团队，可能会出现顾此失彼的现象。因此，一定要在分工后做出进一步的检验。就像我们算数学题一样，当我们解出方程式之后，还要再将答案代入方程，进一步检验，是否存在伪根，而这里要检验的是团队结构是否科学合理，个人间的搭配是否和谐，团队的优势是否得到发挥等。只有这样，才能更加充分发挥团队的能力和潜力，形成高效团队。

这时，团队角色定位对于平衡团队力量就非常有用了。清晰角色练习表（见表6-3）是团队分工和平衡个人能力的有效工具。团队成员应该如实地独立完成表格。个人将信息填入表格后，团队要集体讨论，并决定个人的分工，使团队和个人的能量和潜能最大化。

表 6-3　清晰角色练习表

团队成员姓名	个人能力	能力或技能对团队的潜在贡献	发展领域

　　这四步就是角色定位的必然流程。每一个步骤里都会有各种工具，这里仅仅以某一方面或者是一个普遍的工具为例，读者可以灵活掌握，同时也可以利用其他角色定位的工具，做出最好的角色定位。这不仅是团队高效管理的一个重要方面，而且是不可缺少的关键点。

　　当然，在具体实践中，一些初创公司会先行组建自组织精英小团队，再去明确团队成员的角色定位。在这种情况下，角色定位的四个步骤依然适用。

　　（3）明确团队成员应具备的能力。

　　为了确保自组织精英小团队的成功和高绩效，自组织精英小团队的成员与传统团队的成员相比还应具备以下能力。

　　①项目管理能力。

　　它主要包括：按照团队的日程来计划和组织自己的工作，运用一定的方法来汇报工作的进展状况和存在的问题，对成本进行监控，采取具体行动使项目正常进行，以及共享知识和信息并共同学习。

　　优秀的项目管理技能有助于团队成员之间进行协调和合作；及时发现问题并解决问题，在项目管理的过程中促进团队成员共享知识和信息，有利于在团队内部形成信任合作的学习气氛。团队的共识会转化为行动，在整个组织内推广，进而推动整个组织的学习和变革。

②自我管理能力。

它主要包括：确定个人技能、专业技能以及目标，确定个人以及专业的局限性，知道如何确定工作的优先顺序，创造和把握有利于个人成长和学习的机会，采取行动改革工作方法和工作流程以满足工作的需要。

自组织精英小团队成员的技能必须满足任务的需求，积极主动地进行变革以应对不断变化的任务需求，并且要将变化与其他团队成员和相关利益者进行沟通和互动，不断反思自己的能力和技能，主动积极地利用一切机会学习。

③人际交往能力。

它主要包括：对人际交往的风格以及不同风格对他人的影响有所认识，从团队其他成员处收集对不同人际交往风格的反馈信息，对不同人际交往风格的优点和缺点加以探讨并进行信息反馈。

自组织精英小团队的成员应该能够了解他人对自己的认识和看法，以及自己的行为将对团队的绩效产生怎样的影响；应该能够对自己在不同情况下所做行为产生的结果进行准确预测；应该能够对自己的言行举止有很好的把握。总之，他们要对一些会影响信任的问题保持高度警觉。

④专业能力。

它主要包括：团队任务完成所需要的专业知识和专业技能。

2. 成员选拔的原则

成员选拔对自组织精英小团队来说意义十分重大，是团队成败的关键。这是因为，人力资源是自组织精英小团队的第一资源，很大程度上决定了自组织精英小团队使命、目标和任务的完成。

自组织精英小团队与传统团队有所不同，在进行选拔时应该遵循以下四个原则：互补增值原则，智商和情商并重原则，角色与个性相适应原则，人事匹配原则。后两个原则在前文对成员的理解和角色搭配处有所涉及，此处重点介绍前两个原则。

①互补增值原则。

建立团队的最大优势在于充分发挥每一个人的潜能，从而产生协同效应，所以在进行成员选拔时就必须考虑到成员在知识、能力、性格、年龄和关系等方面的优势互补性，通过组织结构、组织文化、组织激励等方面的调整，有效地进行人力资源的整合；通过成员之间取长补短形成整体优势，使人力资源系统的功能达到最优。

②智商和情商并重原则。

由于自组织精英小团队是以任务和关系为导向的，在完成任务的同时要致力于建立社会关系，所以不仅需要团队成员有较高的智商，而且需要团队成员有较高的情商，如团队合作精神、人际协调技能等。

3. 成员选拔的方法

在通常情况下，自组织精英小团队会综合使用面试、能力测试、EQ 测试及人格测评等方法来选拔成员。

①面试。

面试是评价者与被评价者双方面对面的观察、交流的一种互动可控的测评形式，是评价者通过双向沟通来了解被评价者的素质状况、能力特征以及应聘动机的一种人员考试技术。

面试通常包括结构性面试和非结构性面试。

所谓结构性面试，是指在面试之前，已有一个既定框架，并严格按照框架对应聘者进行提问。这种方法对所有应聘者按照统一标准进行考核，便于分析、比较，同时降低了主观性，但是所收集的信息范围受到了限制。

所谓非结构性面试，是指无固定的模式，事前也无须做太多的准备，招聘人员只要掌握组织、职位的基本情况即可。这种方式具有很大的随意性，缺乏统一的衡量标准，容易带来偏差，所以要求招聘人员有丰富的经验和较高的素质，这样才能得到深入、准确的信息。

对于自组织精英小团队来说，可以针对不同的小团队类型采用不同的面试方法，如对于管理团队来说，可以综合使用非结构性面试和结构性面试方法，充分发挥两种方法的优势。管理团队的成败意味着整个组织的成败，应该审慎、不惜成本，力求选拔出最优秀的人才。对于工作团队、服务团队来说，运用结构性面试即可。对于产品开发团队来说，在团队领导者具有丰富的经验和较高的素质的情况下，可以使用非结构性面试方法。

②能力测试。

能力测试包括一般能力测试、特殊能力测试、心理运动机能能力测试等。

③EQ 测试。

EQ 即情商，包含五个方面的内容：一是自我意识——认识自身的情绪，这是 EQ 的基石，要求人们在一种情绪刚露头时就能辨识出来；二是控制情绪——妥善管理情绪，情绪管理必须在自我认知的基础上，学会如何自我安慰，摆脱焦虑、灰暗或不安；三是自我激励；四是认知他人的情绪；五是人际交往的技巧。

由于自组织精英小团队是以任务和关系为导向的，团队成员的人际关系如何、信任度和凝聚力怎样，将直接影响着团队的效率。自组织精英小团队的成功在很大程度上取决于团队成员的情商水平。

④人格测试。

人格测试是指为了了解人的人格差异所做的测试，即个性测试，是用测量方法测出一个人在一定情景下经常表现出来的典型行为和人格品质，如动机、兴趣、爱好、情感、性格、气质、价值观等。人格是一个人施展才华、有效完成工作的基础。人格测试旨在评估各种人格特点（独立、果断、自信等）。

自组织精英小团队在进行成员选拔中的一项重要工作，就是将应聘者的个性与团队空缺岗位所需成员的个性标准进行比较。当然，个性适合并不一定就能胜任工作，但这是一个必要条件。

▪ ▪ ▪ ▪ 实践：组建超级营销小团队

想在自组织模式下打造一个具有战斗力的营销团队，就要建立团队营销体系，或者说全员营销体系。

团队营销模式的三大优势

团队营销模式具有以下三大优势。

一是营销团队的业绩已经成为团队全体成员都自觉关注的事,而不仅仅是营销主管非常关注的事,这就使得团队内的个体利益与整体利益实现了一致化。企业引入团队营销模式,可以解决企业内部互挖"墙脚"、外部营销"撞车"的问题。

二是营销团队通过群策群力,调动企业团队的所有资源和一切积极因素,能更好地实现企业的整体目标。企业引入团队营销模式,可以更容易争取到重大项目。试想,当你告诉客户,有一个团队体量的强大专业人员为其专门服务,客户会怎么想呢?同时,团队营销还可以处理好重大项目营销分工的问题。比如,不会用电脑排版、制表的营销人员可以从排版、制表的工作中解脱出来,专心做好客户联系等工作,请专业人员去处理排版、制表事宜。

三是营销团队中的每个营销个体在向着共同目标前进时,无论是成员自身的能力建设、学习水平,还是团队的整体业绩,都会得到同步提升。企业引入团队营销模式,可以强化员工专业特长,提高团队整体素质,快速适应市场竞争需要。

团队营销模式的组织结构类型

1. 项目引领型

倘若要完成一个待开发项目,就需要组成一个临时团队,组成时间根据项目的开发时间确定,项目开发完成后,团队就地解散,这种方式就称为"项目引领型"。

项目引领型团队中,项目经理担任组织的负责人,然后通过组织内部的临时竞选(或者选派),从各部门抽取市场调研、文案策划、产品设计、数据分析和信息技术以及营销推广等专业人员，与他们一起组成一个临时项目营销团队。团队全体成员需要对任务指标有大致了解，在规定时间内完成规定目标。

项目完成后，递交项目完成报告，经指标考核进行专业评定，然后根据项目指标完成的优劣给予不同等级的项目开发奖励，并以项目开发成果与数量决定其年终分红。最后，经过管理层同意签字后，临时团队解散，所有人员各自返回自己原先的岗位上继续工作。

项目引领型团队比较适用于综合性、临时性的项目营销工作，可以在企业内实现营销人才的自由重组，降低人力资源的损耗。

2. 多团队策略型

根据各重点专业成立固定的营销团队组合，组合时间较为长久，人员相对比较固定，可称为"多团队策略型"。比如，活动营销团队、日常营销团队、增值营销团队等都属于这种类型。这种营销团队内都有市场调研、文案策划、产品设计、信息技术支撑和营销推广的分工。

如果一个项目方案只涉及一个专业的营销，只需将项目划分给相关专业的营销团队开展工作即可。项目结束后，根据业绩给予相应的奖励，团队依然存在，继续开展日常营销工作并策划开发下一个项目方案。

遇到涉及多个专业的项目方案，也可以用多团队策略解决。具体做法是，确定一个项目经理总负责，将项目任务计划分解下达给各相关团队，限定期限完成任务。项目方案结束后，递交项目完成情况报告书，根据完成任务的质量和时限给予各营销团队奖励和表彰。

确立核心的营销管理层

一个营销团队必须要有一个核心管理层来领导和指导其运行,而管理层必须具备计划能力、分析能力、执行能力、控制能力,并构筑团队的支撑体系来达到设定的目标业绩,管理层能力的强弱直接决定团队营销活动能否有效开展。"一头狮子带领的一群绵羊,能够打败一头绵羊带领的一群狮子"说的就是这个道理。企业应该特别注意对职业经理人的选拔和培养,注重选拔一批德才兼备的帅才,确定不会因组织人事的变动而使团队陷于被动局面。同时,考核评估体系是体现营销团队能力的一项指标体系,是衡量业绩盈亏的一种有效手段。

1. 建立激励措施和按劳分配机制

企业可对营销团队使用企业资源情况,考虑涉及面的大小,按照一定比例分解指标,把个人完成任务情况与所在团队整体营销效果进行捆绑考核;根据员工的能力、努力程度给予不同奖励,使团队内所有员工分享劳动成果;奖励要向关键岗位和优秀人才倾斜,以收入差距体现劳动公平原则。这有助于增强团队的向心力和员工的主动性,避免不必要的猜忌,能使员工感受到自己在团队中的重要性,增强自信心。

2. 建立竞争和淘汰机制

根据项目发展的不同岗位设置,企业应对员工的职能范围进行明确界定。实施业绩通报制度,规定在一定时间内通报团队内员工的工作进度,充分调动所有员工的工作积极性。

值得注意的是,团队主要依靠凝聚力与协作来完成目标,注重的是整体性。倘若团队中有员工总是想要表现个人英雄主义,哪怕这名员工的能力再强，也不一定能为共同目标做出多少贡献。再者，他还可能因为自身强烈的个人英雄主义思想，容易与团队中其他人发生不必要的矛盾。

企业在开展团队营销时，应遵循以下两个原则。

一是协调分配资源原则。

团队的人员、财产以及物资等发展资源毕竟十分有限，只有进行资源的优化配置，才能达到最大限度地利用好资源与赢得市场份额的目的。

二是共同协作，相互受益原则。

在团队中，各个工种要积极沟通，只有学会互相配合，才有助于彼此的健康发展；反之，相互推诿责任，或者对重要消息采取可笑的保密措施，就会给团队带来重复劳动，增加信息成本，从而造成低效率。

团队营销强调整体的利益和目标，强调组织的凝聚力，管理者为员工创造积极、高效的工作环境，团队全体成员围绕共同目标齐心协力，同舟共济，发挥最大潜能。只有所有部门或员工协调一致，发挥市场调研、产品设计、营销推广等策略的整体效应，与客户建立良好关系，团队营销才会变得卓有成效。

加强营销团队的队伍建设

1. 进行合理的人才选择

企业在选拔人才的过程中，切记要坚持选拔可塑性人才。不管是内部选聘还是外部招聘，企业选人都要注重可塑性，而不是更多地关注其是否曾从事过相关工作，是否具备某方面业务的经验。

2. 打造队伍积极的从业心态

企业营销工作的基础与根本，关键在于员工持有哪种从业态度。营销人员在日常工作中每天都要跟各种各样的客户交流，被拒绝是营销人员必做的功课，如果心态不好，势必做不好工作。企业需要及时对营销人员进行引导与帮助，让他们意识到只有具备很好的抗压能力，才有可能经得起市场的考验和磨砺；需要采取相关措施加强企业文化的宣传工作，用企业的良好氛围使员工形成共同的价值观与事业追求，保持更好的精神状态与生活斗志。

3. 开展体验式拓展训练

所谓体验式拓展培训，是指通过设计独特的，富有思想、挑战性以及趣味性的户外运动，培养员工积极向上的人生态度与团队合作精神，是现代组织常用的一种全新的学习方法与训练模式。认真参与体验式拓展训练，会让员工受益匪浅。

7

做好自组织精英
小团队的运营

要高效领导一个团队，领导者必须做好所有基础工作，并在主要决策中贯彻执行。要做好自组织精英小团队的运营，领导者就要做好团队精神打造、人力资源管理、领导力提升、有效沟通等方面的工作。

▪▪▪▪▪塑造自组织精英小团队的团队精神

一个高效的自组织精英小团队，不仅具有和谐的灵魂，而且具备积极乐观的团队文化。那么，塑造和谐团队文化的第一要素是什么呢？答案就是团队精神。

无处不在的团队精神

一个团队要想实现高绩效，没有团队精神是不可能完成的。那些成功团队身上的精神很难模仿，没有多少人能够很清楚地描述出来，但身为团队成员，都能切身感受到团队的那种令人振奋的精神力量。简单来说，高效团队具有强大竞争力的根源，不是体现在团队中的某个特殊人才身上，而是体现在成员共同组成的整合力量上，其中最大的力量就来源于少有人清晰描述的团队精神。

那么，到底什么是团队精神呢？团队精神是团队成员在领导者的指挥和带领下，相互沟通交流，协同一致为共同愿景而努力奋斗的精神。其核心是协同合作，最高境界是向心力和凝聚力空前增强，团队成员之间相互信任，个体与集体利益相互统一，团队和企业高效运转。对于任何一个团队来说，团队精神都是不可或缺的。否则，整个团队就如一盘散沙，毫无凝聚力，根本无力胜任企业赋予他们的任务和使命，甚至连平常的工作都完成得很勉强。

古话说的"二人同心，其利断金"，就是团队精神重要性最直接的体现。无处不在的团队精神正是一个自组织精英小团队高效运行的重要保障，也是领导者视为塑造和谐团队文化的第一要素。

塑造团队精神的三大做法

团队精神的重要性毋庸置疑，那么该怎样塑造团队精神呢？我们不妨从团队精神的内涵出发，寻找切入点。

团队精神的内涵表达了三层意思：第一，确立共同目标，即建立共同愿景，使团队成员为共同目标努力，在工作中有的放矢；第二，团队成员有着良好沟通，彼此信任，在工作中有安全感和温馨感；第三，团队成员相互帮助，在互助和良性竞争中相互学习、共同进步，实现优势互补。

这就对团队的士气、凝聚力、合作意识及团队成员之间的信任感提出了要求。要塑造团队精神，就要从这些方面切入。

1. 加深了解，增强互信，深化合作

对于一个团队来说，如果要保持团结一致且高效，就要将信任视为其核心。因为没有信任，团队合作就无从谈起，也就无从拥有团队精神。团队成员之间的高度信任是团队精神的一个重要内涵。换句话说，团队成员都对彼此的个性特点以及工作能力表示全然信任。获得他人信任是团队合作的先决条件。这种信任不应该仅仅局限于对个人品质的信任，还应该包含对他人专业能力的认可。

正所谓："一个巴掌拍不响。"所以，信任是建立在双方熟识的基础上的。对于团队成员而言，赢得他人信任的同时也一定要对他人表示信任。团队成员必须具备豁达的胸襟，充分信任他人，对他人的个人品质与专业素养表示认可。

也许，你可能认为他人在某些方面比不上你，但你更应该看到自身缺乏他人却具有的强项与优点，并对他人表示信任。这是理想化的情况。只有无可挑剔的团队才能建立起这种信任。想要进一步深化合作，就需要团队成员勇敢承认自己的不足之处。这些不足之处包括性格弱点、技术不足和人际交往方面的困扰、失误以及难以独立完成任务、需要他人的帮助等。

而增强团队成员间信任的最有效方法之一就是加深彼此的了解。了解是增强信任、深化合作的基础，是增强信任、深化合作的前提，这其中既包括对团队成员性格的了解，也包括对其行事方式、方法的了解。

团队成员增强互信的前提是加深彼此的了解，增强互信则是团队合作的前提，因为只有认同对方、信任对方，才能达成合作。如果团队成员对彼此的个人品质产生了怀疑，很难想象他们能为了某个共同目标而毫无猜忌地竭诚合作。同理，倘若不信任彼此的专业能力，他们也一定不会全身心地投入到合作的事业中去。所以，作为团队中的一员，必须对自己所经手或承办的事做到诚信与负责，也要对团队其他成员保证诚信、负责。

总而言之，从团队成员之间关系的角度来看，要塑造和谐的团队文化，建立积极向上的团队精神，首先必须对团队成员加深了解，增强团队成员之间的绝对信任，深化团队成员之间的良好合作。

2. 进行生命力、战斗力、凝聚力建设

对于一个团队而言，生命力是其是否有良好新陈代谢能力和积极创新性的象征；战斗力既是对每个团队成员工作能力的评估，又是对团队资源整合后向既定目标发起进攻能力的体现；凝聚力则代表了团队精神的至高境界，因为它是从松散的个体走向团队最重要的标志，它来自同一个价值观、同一个奋斗目标，来自友好的人际关系，来自团队成员主动的内在动力。团队的生命力、战斗力以及凝聚力的来源就是团队成员彼此之间的高度信任。

团队成员只有诚实可靠、相互信任，具有较强的承担风险的意识，才能形成强大的生命力、战斗力和凝聚力，才能形成团队相互尊重、信任、宽容、团结协作等和谐的文化氛围，才能实现高绩效。

既然生命力、战斗力和凝聚力的建设对团队高效如此重要，我们应该如何加强生命力、战斗力、凝聚力的建设呢?

①让同一个团队拥有同一个梦想。

一个团队要拥有向心力或凝聚力,就需要团队成员拥有自觉的内在动力和共同的认知理念。所以,确立一个共同目标并鼓励所有成员为之奋斗,是加强团队生命力、战斗力、凝聚力建设的重要方法。

②培养团队成员的归属感。

要培养团队成员的归属感,就要让团队成员强烈地感受到自己是所在团队的有机组成部分,是该团队的一分子,并由衷地把自己的命运与团队的前途联系在一起,愿意为所在团队的利益与目标而尽心尽力,合力拼搏。

③提高团队成员的整体素质。

加强团队文化建设,更新团队成员的知识技能,进行"充电",是提高团队竞争力、战斗力的有效方法。整合众多成员的潜能,提高所有团队成员的个人素质、技能和觉悟,是发挥团队最佳战斗力的关键。

3. 鼓舞团队士气

大家在读中学的时候,几乎都学过一篇叫《曹刿论战》的课文。文中的主人公曹刿貌不惊人言不压众,却帮助弱小的鲁国打败了强大的齐国。关于士气,他有一个非常精辟的观点,那就是"一鼓作气,再而衰,三而竭"。意思是说,打仗的时候,敲响第一通鼓,士气大大振作;敲响第二通鼓,士气就减弱了一些;敲响第三通鼓,士气就变得低落了。由此可见,士气对于上阵杀敌的将士有着至关重要的影响。我们很难想象,一支士气低落的军队能打胜仗。事实也证明了这一点。因此,在古代,开战前,主将往往会以各种方式鼓舞士气。

其实，士气对于人的影响不仅体现在古代的战争中，还体现在当代的职场中。不过，职场中的士气更多体现为精神状态。一个缺乏士气的团队很难出色地完成工作，更是与高效率绝缘。要是充满士气的团队呢？研究表明，一个人哪怕只有60%的技能，但只要充满自信，就可能在工作中发挥出100%的能量。一个人尚且如此，一个团队呢？只会做得更好。

一个懂得调动与鼓舞员工士气的负责人，一定会带出一个齐心协力与业绩斐然的高效团队，而鼓舞团队士气，让团队成员激情澎湃，则是塑造和谐团队文化、建立团队精神的又一重大举措。

一个团队，特别是一个自组织精英小团队，如果拥有了强大的凝聚力和合作意识，拥有了高昂的士气，且其成员之间弥漫着高度信任感，就拥有了实现高效、走向辉煌的法宝——团队精神。

▪ ▪ ▪ ▪ ▪ 进行有针对性的人力资源管理

自组织团队的人力资源是指团队的成员素质，主要包括成员的知识、技能、能力和性格等。这些因素常常决定了团队的潜在绩效。高绩效的自组织团队一般需要三种不同技能类型的成员：第一，具有技术专长的成员；第二，具有解决问题和决策技能，能够发现问题，提出解决问题的建议，并权衡这些建议，然后做出有效选择的成员；第三，善于聆听、反馈、解决冲突及具有其他人际关系技能的成员。

一个自组织团队如果不具备上述三类成员，就不可能充分发挥其绩效潜能。对具备不同技能的人进行合理搭配是极其重要的。因为团队成员的数量是一定的，一种类型的人过多，另两种类型的人自然就少，团队绩效就会降低。不过，团队并非所有时间都要求这三类成员齐备。比如，团队成立之初，就不需要。必要时，一名或多名成员去学习团队缺乏的某种技能，从而使团队潜能得以充分发挥的事情，也并不少见。

组织行为学专家斯蒂芬·罗宾斯认为，如果员工的工作性质与其人格特点一致，其绩效水平容易提高，就工作团队内的位置分配而言也是如此。团队有不同的需求，挑选团队成员时，应该以员工的人格特点和个人偏好为基础。

曾任教于英国剑桥大学的梅雷迪思·贝尔宾博士则提出了团队角色理论。他围绕如何搭配一个协调、成功的领导集体进行研究，提出了管理集体中每个成员都在扮演双重角色，即职务角色和集体角色的论断。他认为，职务角色是明显和被一般人熟知的，集体角色则是潜在和不大被人认识的。要建设一个成功的领导集体，必须注重集体角色的研究和搭配。团队成员都要扮演哪些集体角色呢？贝尔宾认为，成功团队的集体角色包括完成者、执行者、塑造者、协调者、资源调查者、协作者、创新者、专家、监控评估者九种（这是一种理想情况）。

明确了团队成员要扮演的职务角色和集体角色之后，管理者有必要了解个体能够给团队带来贡献的个人优势，然后根据这一原则来选择团队成员，并使工作任务分配与团队成员偏好的风格一致。

在工作任务设计过程中，应尽量为合作提供机会，使团队作为一个整体对任务进行集体负责。同时，要根据各个组织的具体情况，确定团队在使用资源、进行质量监督以及与内外顾客合作等方面的自主程度。此外，还要根据所要完成的工作任务的性质来选择与之相匹配的团队类型。

在员工招募过程中，应注重对有助于团队工作的知识、技能和能力等方面的考察，包括如何与他人进行合作和交流、如何解决冲突、如何进行团队的目标设置和绩效管理以及如何实现团队工作计划与任务的协调等等。这样既可以让被招募者了解未来的工作前景、减少工作流动，又可以使企业招募到对团队有偏好的人员进入团队。

在员工培训过程中，应加强必要的人际关系方面技能的培训，培养和开发团队成员之间的合作能力。同时，还要注重对员工自我管理技能的培训，使员工能够应对复杂且具挑战性的团队管理模式。此外，还应该不断激发员工学习的潜能，鼓励创新，提高员工的多技能水平。

在员工评估过程中，为了鼓励团队工作，必须将团队工作绩效纳入组织的评估体系中，综合考虑个人绩效、个人对团队的绩效、团队绩效、团队对整个组织的绩效等各个方面的信息，既注重个人对团队的贡献，又注重团队对组织的贡献。

在员工薪酬管理过程中，要根据各个组织中团队的具体特征来确定薪酬标准。比如，对于比较成熟的永久性团队，就可以逐步实现团队薪酬制度；对于非永久性团队，或者还不具备立即实现团队薪酬的组织来讲，将个人薪酬、团队薪酬和组织薪酬结合在一起，不失为一种比较可行的过渡方法。

需要特别注意的是，自组织团队在进行有针对性的人力资源管理时，还要注意清除破坏团队的"野狗"和"土狗"。

"野狗""土狗"的概念来自阿里巴巴的用人观。阿里巴巴有一张人才坐标图，横坐标是价值观，纵坐标是业绩。这张坐标图将阿里巴巴的员工分为五类：第一类是"明星"，价值观好，业绩也好，需要重点培养；第二类是"白兔"，价值观好，但业绩不好；第三类是"野狗"，业绩好，但价值观不好；第四类是"金牛"，价值观和业绩都可以，但不算很突出；第五类是"土狗"，价值观和业绩都不好。

让"土狗"离开团队不难理解。一方面，他们业绩不好，对团队业绩没什么贡献，反而是拖后腿的存在；另一方面，他们价值观不好，会在团队内部散布负面想法，严重影响团队的工作氛围。

"野狗"业绩很好，为什么还要让他们离开团队呢？有阿里巴巴"定海神针"之称的俞朝翎的答案一针见血——因为他（们）做业务的时候会违反价值观，破坏公司的软实力（品牌形象、公司文化氛围等）。

大家可以想一想："野狗"如果对外欺瞒客户，夸大产品功效，受伤害的是谁呢？客户和公司都是受害者，前者损失的是利益，后者损失的是声誉。"野狗"如果做出恶意争抢同事订单的事情，受伤害的是谁呢？直接受害者是被抢单的同事，间接受害者是公司。之所以公司也会成为受害者，是因为如果"野狗"的行为不被及时制止，其他员工就会群起效仿。时间一长，整个公司的价值观就形同虚设。

由此，我们不难看出，"野狗"业绩越好，在公司和客户中间影响越大，对公司造成的伤害就越大。因此，让"野狗"尽快离开公司、离开团队才是上策。

▪▪▪▪ 提高自组织精英小团队的领导力

领导者要提高自身领导力

关于"领导力",有两种不同的理念:一种是全面的领导对象的领导力建设理念,即针对组织之中各个层次的员工;一种是针对组织的高层领导团队的领导力建设理念。这里主要就后者进行分析。

就组织的高层领导团队的领导力建设而言,应更多地关注高层经营管理团队,发掘出一组能够表现出高层领导者所需技巧和能力的高潜力人才。例如,摩托罗拉公司针对组织的高层领导者设计了专门的领导力培养的"五力"模型:眼力(envision)、魅力(energize)、魄力(edge)、能力(execute)、约束力(ethics)。

1. 眼力

领导者能否为组织决策并设计、制定合理有效的发展目标和战略规划,直接关系到组织的发展命运。作为一个领导者,首先要有眼光,有境界,有追求,也就是说,要有战略思维。有"领导力大师"美誉的沃伦·本尼斯在研究了90位美国最有成就的领导者之后,发现他们具有四种共同的能力:令人折服的远见和目标意识;能清晰表达组织目标,使团队成员明确理解;对这一目标的追求和全身心的投入;了解自己的实力并以此作为资本。由此可见,洞察机会与确立目标的能力对于领导者来说是极为重要的。

在组织目标的确立过程中,领导者的洞察力起了关键作用。观察同行业的发展趋向，发现竞争的突破口，形成独树一帜的组织风格，确立产品和服务范围，建立本组织在市场中的核心竞争力——每个方面的运作都意味着对领导者洞察力的检验。实践说明，高瞻远瞩是成为成功领导者的必要条件。

2. 魅力

所谓有魅力，就是要有热情，能够激励下属对实现组织目标的热情，创造一个人人都满怀工作激情、有机会为组织做出贡献的环境。

领导者正确确立组织目标尽管重要，但对于组织的发展还是远远不够的，更重要的是要使这一目标成为组织成员共同的信仰与追求，在组织内形成共有的价值观。只有组织成员共同拥有能使其真心投入或遵从的群体目标，才能产生群体行动，并激发起他们的责任感和创新精神，从而使目标产生激励作用。成功的领导者还需要依靠其个人魅力，倾听、征询、尊重、说服组织成员，将个人目标转化为群体目标。

3. 魄力

所谓魄力，是指行事果断的能力，也指一针见血地切中问题要害，做出大胆与及时的决定，坚持用最高的标准要求自己所在的组织，用实事求是的态度表示善意的不满。当业务或个人表现欠缺时，要及时给予警告。

领导者魄力的七大表现包括：①判断事情时应以事实为依据，决策过程中应采用严格的方法；②督促个人与组织充分发挥应有的潜力，制定有一定发挥余地或拓展空间的目标；③要使成员主动承担应尽的义务，在他们的业绩没有达到期待值的时候采取必要行动；④当某个人、职能单位、创意或系统表现欠缺时，要及时给予警告，领导者要不断提醒自己旗下的各个系统、各个单位及时发现隐藏的重大问题，并对其及时矫正；⑤保持对重要工作的重视度，做到不分心，分清主次关系；⑥遇事要有做"出头鸟"的勇气，敢于提出敏感问题或发表不同于他人的意见；⑦要为组织出现的问题，勇敢承担属于自己的责任。

4. 能力

这里的能力，是指执行能力。目标不能永远只停留于纸上谈兵或光说不练，必须将之转变成现实的行动与成果。领导者需要能够依靠自身与组织成员的行动，采取行之有效的管理实践，以便实现之前设定的目标。

领导者能力的七大表现包括：①能够按期完成工作，遵守对顾客和组织内部成员的承诺，即领导者首先要守信；②通过适当的紧迫感将整个团队的注意力集中到执行计划并取得成果上，也就是见利见效上，这里，领导者首先要懂得哪些工作是见利见效的；③能够了解需要参与运营的细节，这并不是说领导者要事无巨细，但一定要贴近运营，懂得应当在什么时候来介入运营的细节；④能够采用创新性的方法，改进工作和工作流程；⑤在保证质量的前提下，按时间和预算规定对项目进行管理；⑥能够录用和选拔来自各种背景的、才能可以满足业务需要的优秀人才；⑦要鼓励团队成员之间的合作，鼓励团队与团队之间的合作。

5. 约束力

这里的约束力，是指自律能力，具体来说，就是领导者要具备一定的道德规范，要随时随地用道德方式发展业务，尊重所有人或文化，不让个人的意志和不良的情绪反应对工作造成不利的影响。领导者的特殊地位和职权使得他的一言一行都能对企业及员工的利益带来决定性的影响，而因为信息不对称或约束机制不完善等，个人的自律意义和职业道德就成为领导者必备的重要素质之一。

就领导力的概念来讲，不同的组织有不同的理解。这也与各组织的文化和管理现状有关。对大多数中国企业来讲，一方面要强调员工的自我开发与管理；另一方面要加强培养高层经营管理团队，通过制度化、系统化的建设来提升领导者领导团队的能力，只有这样才能推动企业整体管理能力的提升。

领导者要提高团队组建的领导水平

在团队组建的过程中，领导者要掌握以下领导艺术。

1. 理解"组织程序"

让团队所有成员的力量凝聚在一起以及处理一群人互动可能产生的问题并非易事，不仅任务本身的需求应当得到平衡，而且团队及各个体的那些需要也应当得到平衡。团队会受到许多因素的影响。但是，作为团队领导者，不论是自团队内部进行领导，还是自外部进行领导，都需要懂得以下"组织程序"。

①参与。

口头参与是参与的一种。领导者所要了解的事就是团队成员的参与程度，并且对其参与程度高低的原因进行分析。

②影响。

影响和参与是不同的。领导者可能是个参与程度很高的人，却没有什么影响力。他带来的影响，可能是积极的，也可能是消极的；可能是催人奋进的，也可能是让人不愉快的。领导者运用自己影响力的方式，直接关系到能否进行成功领导这件大事。所以，领导者要慎重使用自己的影响力。

③决策。

领导者常常在未曾考虑对所有人的影响时就做出决定，这是有失妥当的，必须重视决策主题的游移和通过的方式。

④了解团队氛围。

当团队成员一起工作时，团队会产生一种氛围。这种氛围反映了团队的整体面貌，团队领导者应对此保持敏感。不同的人可能会喜欢不同的工作氛围，领导者经常听听团队成员如何描述团队的氛围，会对团队有进一步的了解。

⑤了解成员身份。

成员身份是团队成员在被团队接纳或与团队融合的程度方面最关心的问题。不同的互动模式会形成对成员身份的不同暗示。领导者要了解成员身份，以便更好地了解成员本身。

⑥了解成员感受。

因为感受很少被提及，所以领导者要根据语气、表情、手势或其他非口头暗示，对他人可能的感受加以揣摩，同时也要注意团队成员是否在尽力压制自己的感受。

⑦制定规范。

规范是领导者和团队共同制定的基本规则，通常反映了大多数团队成员对于什么行为可做，什么行为不可做的看法或理念。有些规范可能会促进团队的进步，有些规范可能会起妨碍作用。

2. 明智地授权

有管理学家建议，领导者可以通过给团队成员做教练和给团队成员提供帮助，以帮助他们达到目标，完成工作。罗莎白·默丝·坎特则致力于"授权运动"。在他看来，授权于人并不会削弱领导者的权力，相反会增加领导者的权力。实践证明，授权于人可以节省开支，创造新的工作方法或开拓新的市场。

不过，作为领导者，必须要明白：授权需要掌握合理的度，需要考虑下属的实际心愿。领导者只能为团队成员提供获得授权的条件和机会，因为并非每个成员都想获得授权，有些成员实际上更愿意听从别人的指挥而非"要权力"。

3. 把握决策层次

领导者的决策风格或决策行为方式，对于创造一个团队成员人人有发展机会的团队来说，是最为关键的因素。决策是领导者与团队开展工作的核心程序之一，团队领导者要认识到，在决策中有不同层次的参与程度，不同层次的参与程度适合于不同的情境。

这种层次的划分可以让领导者了解何时使用何种行为方式最为恰当。例如，在最低的决策层次上使用"指示"风格，领导者要意识到指示对团队成员的承诺和动力都有影响。在第五层次，在大家共同决策时，亦即领导者把决策权授予团队时，领导者应当确保对团队成员随时告知所决策任务的进展情况。

一般来说，人们越是参与决策，就越是乐于使之成为现实。就团队决策而言，虽然参与决策花的时间会长些，但是最后的决定可能会更具创造性；决策中会考虑到更多的信息，会更加机动灵活；而且，由于各个成员能在讨论中获得更多的了解，他们会以更好的姿态来处理意外的问题和后果，不至于因为迷惑或麻木而陷入被动。

领导者要提高团队运转的领导水平

团队的成长主要体现在领导者如何全程维护团队的成长，如何选择合适的领导风格，并将不同的领导风格与不同的团队工作风格相匹配，如何激励团队成员，如何处理团队冲突，如何进行团队精神建设等，以达成团队共同的目标。领导者要想提高团队运转的领导水平，就需要从这些方面入手。

1. 维护团队健康成长

一个团队的发展是周而复始的，发展中的团队在不同的阶段有不同的挑战，过不了上一阶段的关就无法迈向下一阶段。在这几个阶段中，领导者如何维护团队，使团队成员能够投入，并且在工作中有好的表现，有以下几点建议可供参考。

①应该将团队的表现作为最高的表现，而不是强调个人英雄主义；

②鼓励团队成员之间充分沟通；

③让每个人都产生互相依赖的感觉，发展一种良好的关系；

④如果有问题发生，应该列为"专案"，立即处理；

⑤要求员工有随时做简报和口头报告的能力；

⑥为团队提供资源和协助，帮助全体成员成长；

⑦应该清楚自己的角色定位，不要高高在上；

⑧针对每个人对目标的承诺进行监控，但不要采用传统的管制方式；

⑨通过工作的挑战、定期训练和职业生涯的发展来激发成员共同成长。

2. 选择合适的领导风格

团队领导者的领导方式会影响该团队执行任务的成败。其间，领导者要处理该工作任务与完成这项工作任务的团队成员间的关系。其对这两个因素的不同态度与倾向形成了四种不同类型的领导风格。

①委托型风格。

委托型风格不注重工作任务本身，也不注重人际关系。这种风格的领导者对工作任务和与团队成员间的关系都不甚关心。他们相信团队成员有解决问题的能力，因此只指出工作的大致方向和目标。这给团队成员留有宽松的选择余地，由团队成员自主决定如何完成工作目标。

②激励型风格。

激励型风格不注重工作任务本身，注重人际关系。这种风格的领导者会花大量的时间和心血构筑与团队成员间的关系。对他们来说，组织中人的因素居于实现目标的各项因素之首。他们通常只提出大致的工作目标，致力于细致入微地做人的思想动员工作。他们认为，只要能调动起团队成员的工作劲头儿，就能完成工作任务。

③指挥型风格。

指挥型风格注重工作任务本身，也注重人际关系。这种风格是X理论[①]的典型。领导者认为，团队成员没有足够的能力和动机完成任务，因此，领导者事必躬亲，详尽地监督指挥团队成员采取行动，并且控制

---

① X理论，由管理学家道格拉斯·麦格雷戈提出。该理论认为，人们生性好逸恶劳，主张采取命令、强制的管理方式。

团队成员如何行动，甚至如何思考。

④教练型风格。

教练型风格注重工作任务本身，不注重人际关系。这种风格的领导者相信，团队成员有完成任务的动机，但缺乏必要的能力。他们不断地教团队成员如何去做某项具体的工作，不大考虑错综复杂的人际关系。

领导者的领导方式通常是上述四种类型的领导风格的混合，但很多领导者会使用最为便利的一种，从而使他们偏好的工作风格与工作任务的价值及对人际关系的态度倾向相协调。一个团队成员的人性假设，关系着团队领导者到底应该采取哪种领导方式才最为合适。管理学界曾出现过"经济人假设""社会人假设""自我实现人假设""复杂人假设"等各种假设，不能武断地认为哪种人性假设理论最好，或哪种人性假设理论最差。

上述四种团队领导方式，都是分别依据其特定的人性假设完成的。指挥型和教练型领导者往往认为下属缺乏积极性、创造性和主动性，不愿或不敢承担责任，需要领导者为其提供相应的方法指导；激励型和委托型领导者往往认为下属具有非常强烈的创造欲和成就欲，勇于或敢于承担责任，并能接受有挑战性的任务。特别是进入21世纪以来，组织结构的扁平化和知识更新的加速化倾向日益明显，激励型和委托型领导者应当成为优选模式，这样可以培养下属，鼓励和支持下属承担更为艰巨的任务。

3. 使领导风格与团队工作风格相匹配

有两种因素影响团队的表现状态：一是团队的技术熟练程度，即团队的业务能力；二是团队在完成任务时表现的工作干劲，即成就动机。把这两种因素合在一起，形成了四种类型的团队。

①进取型团队。

进取型团队业务能力强且成就动机高。这种团队的成员期待在工作中取得成功，他们知道做什么，而且有十足的动力去做。

②勤奋型团队。

勤奋型团队业务能力差但成就动机高。这种团队的成员想做出出色的成绩，但缺乏必要的能力。

③窝囊型团队。

窝囊型团队业务能力差且成就动机低。这种团队的成员不知道如何去做，而且也不想做这份工作。这与其说是完成任务，不如说是应付差事。

④懈怠型团队。

懈怠型团队业务能力强但成就动机低。这种团队的成员知道做什么，但不愿采取必要的行动。

领导风格与团队工作风格的成功配合有赖于领导者与团队成员间的配合。如果管理风格正合团队所需，双方就将珠联璧合，相得益彰，创出最佳绩效。

委托型领导者与进取型团队即是很好的配合。例如，一个业务精湛、富于创新的团队在委托型领导者的领导下会如鱼得水，最大限度地发挥积极性。激励型领导者与懈怠型团队也会配合得很好，领导者所长正是团队所需。指挥型领导者和窝囊型团队进行配合则很恰当，这就好比军队里的队列操练一样：排长要教士兵们做什么、怎么做、怎么想，士兵要绝对服从。而教练型领导者有教授示范能力，他和勤奋型团队配合，会使团队的工作大有起色。相反，糟糕的配合将会使工作一团糟。一个放任自流的委托型领导者和一个不能胜任工作，既没有较强业务能力，又无成就动机的窝囊型团队相配合，很可能什么事也做不成。

领导风格和团队工作风格的配合，最理想的情况就是两者正好能扬长避短、优势互补。然而，形成最佳搭配的机会可能不太多，通常需要做一些有效的变更。

两种风格的博弈——领导风格与团队工作风格谁适应谁？两种风格的博弈，明显有两种可能的变更：要么是领导者改变自己的管理风格来适应团队，要么是团队改变自己的工作风格来适应领导者。

要知道，改变团队的工作风格存在的问题需要时间，需要进行人员培训和长期约束。如果选择这一途径，生产就会立即受损。尤其是对一名新上任的领导者来说，会产生一些不好的影响。因此，改变领导者的领导风格来适应团队工作风格应当是最有效的途径。领导者必须认识到这一点。

如果没有现成的、完美的配合，领导者就应改变自身的一贯作风来适应团队。这种状况迫使他们担任不是他们的初衷和所擅长的角色，这让领导者承担了更大的压力。因此，在接受一份领导工作之前，领导者对自己的管理风格和将要领导的团队的工作风格等因素都应予以考虑。如果事先进行了这些分析，就会有备无患，不至于被动。

4. 有效处理团队中的常见冲突

团队工作不同于一般的工作，它是一个处理矛盾的过程，尤其是对于充满激情和创意的营销团队，如果不处理好矛盾，影响是多方面的。

团队领导者(或者说管理者)必须理解、接受,并尽可能地平衡这些矛盾。

①容纳个人的不同和集体的一致目标。

众所周知,团队要发挥作用,往往需要混合具备不同才能的个体。团队为了从多样性中获得利益,必须允许观点、风格以及优先权等不同声音存在,并给予它们表达的机会。这些不同的声音在带来思想开放的同时,也不可避免地产生了冲突,甚至会导致团队成员之间相互竞争现象的发生。冲突和竞争过多,会导致团队成员之间纠结于胜负欲,将合作解决问题的事情放于脑后,让集体的一致目标成为一句空话。

如何才能让容纳个人的不同和集体的一致目标成为现实呢?答案就是好的团队在允许个体有不同想法的同时,必须要求全体团队成员遵守一个原则,即严格遵守合理的共同目标或团队日程安排。

②鼓励团队成员之间的支持和对抗。

有的企业愿意承认员工的多样性,愿意鼓励员工发表自己的观点,这样一来,团队势必会朝着互相激励与支持的方向发展。在这种文化背景下,团队成员之间很容易产生一种内聚力。他们对团队中的其他成员提出的想法感兴趣,想听到不同的声音,愿意接受他人的意见、信息或经验。

但是,团队成员如果太过于和谐一致,就无法更好地成长。在内聚力极强的团队中,当出现对不同意见的反对时,保护和谐和友好关系的强硬规范会发展成"整体思想",团队成员很可能会压抑个人的真实想法和感受,很难再互相批评对方的决策和行动。这时,企业就要付出非常大的资金成本。团队进行决策时,也不会产生不同的意见,因为没有人愿意打破表面的和谐,并有意制造冲突。倘或这种情况一直出现,团队成员就会产生压抑的挫折感，他们很可能只是想"走自己的路"，而不能真正解决问题。

好的团队要想办法鼓励团队成员之间的支持与对抗，既允许冲突的发生，又不至于让团队和企业因此遭受损失。

③注意业绩、学习和发展。

由于团队成员基本上都在做执行的工作，因此比起学习和未来的发展，他们更重视工作业绩。重视工作业绩本身并没有什么错，可忽视了学习和发展，会让团队成员后劲儿不足，甚至最终影响他们最在乎的工作业绩。对此，团队领导者要正视工作业绩、学习、未来发展三者的关系，并同时兼顾三者。团队领导者必须在"正确的决策"与未来的经验积累的支出之间做出正确的选择，并将员工偶尔犯的错误看作学习付出的成本，而非惩罚的原因。这样的做法将使团队成员放下心理包袱，积极投入到发展和创新中去。

④在领导者的权威和团队成员的"自治权"之间取得平衡。

对于领导者来说，为了团队能够获取出色的业绩，对团队成员进行授权是一种常见的做法。不过，授权并不等同于放弃控制，毕竟领导者是必须对团队最终获取的业绩负全责的人。授权可以让团队成员获得更多的"自治权"，这样一来，他们就会更愿意遵守共同的日程。有效的团队灵活多变，能够在领导者权威与最适合的团队解决方案之间取得平衡。事实上，在一个具有完善功能的团队中，团队成员之间互相信任，领导者在做出某些决定时不用多费唇舌进行讨论或解释。相反，在一个缺乏信任感的无效团队中，即便领导者做出最明确的事情或无关紧要的建议，团队成员也都可能提出疑问。

⑤维护好领导者、个体、团队的关系三角。

领导者、个体以及团队这三者相当于处于等边三角形的三个顶点上。领导者需要协调好三方关系：他们与所有团队成员个体之间的关系，他们和作为整体的团队之间的关系，每个团队成员个体与团队整体之间的关系。这些关系之间相辅相成，互相影响。当领导者无法协调好这个关系三角时，团队成员间就会越来越不信任，进而产生更加恶劣的影响。因此，对于领导者而言，做好团队工作，维护好领导者、个体、团队的关系三角，是他们必做的功课。

▪ ▪ ▪ ▪ ▪ 确保自组织精英小团队进行有效沟通

建立团队沟通制度

沟通的效果直接影响着团队成员的工作效率和工作业绩，因此，许多知名企业都把沟通列为企业文化建设的重要组成部分。其实，这并不只是知名企业的工作，所有的企业都要将团队中的沟通当作一项长期性的工作，最好能够建立一种沟通制度，以确保团队成员之间能够及时沟通。

掌握团队沟通技巧

进行团队沟通，要掌握以下两种技巧。

1. 积极倾听[①]

很长时间以来，人们都对"倾听"存在一种误解，以为"倾听"和"听"就是一回事。实际上，二者还是有一定差别的。前者不仅要用耳朵捕捉说话者的声音，还要理解说话者表达的深刻含义，后者则仅仅停留在捕捉说话者声音的动作。由此可知，团队如果要进行有效沟通，就必须有积极倾听的加持，不能仅仅停留在听的层面。

怎样才能进行积极倾听呢？我们不妨从以下八种行为做起。

①与对方目光交流。

通常情况下，说话者在说话的同时会紧盯听话者的眼睛。他这样做的目的，一是出于礼貌，二是要判断对方是否在倾听。我们如果想跟说话者进行有效沟通，就要做一个认真用心的倾听者，与对方进行目光交流。毕竟，沟通并非全部由语言完成，并且很多时候是通过非语言的形式、在双方内心深处进行的。

②做出恰当的反应。

积极的倾听者会对自己听到的话语做出恰当的反应。比如，说话者提及的某个话题让倾听者心有戚戚焉，倾听者就会赞许性地点头，或者与对方进行积极的目光接触。这些肢体动作无一不在传达这样一个信息：我在认真地听你说话。这时，收到信息的说话者就会受到鼓励，更愿意与倾听者进行后续的沟通。

---

① 积极倾听，是指不带先入为主的偏见，以客观的态度接受信息所传达的完整意义。

③避免做出分心的举动。

在倾听别人说话的时候，一定不要做出诸如频繁看腕表或手机、时不时地翻阅手边文件、背对着对方等举动。这是非常失礼的。这些分心的举动在向说话者明明白白传达了以下信息：我对你说的东西根本不感兴趣，你还在那里没完没了，真的烦人。说话者可能会因此感到内心挫败，进而影响沟通的效果。更重要的是，这种不耐烦的举动会严重影响听话者的注意力，他可能就此丢失一些说话者想要传达的重要信息。

④适当地进行提问。

积极的倾听者，还要在对自己听到的内容进行合理分析之后，对说话者适当地进行提问。这样做，一方面是展示自己倾听的诚意，另一方面是为了确保自己理解的准确性。

⑤复述说话者的话。

积极的倾听者往往会使用类似"我听你说的是……"或"你是否表达这个意思"的句式，来复述说话者的话。为什么要这么做呢？复述的作用有两个：一是倾听者要通过复述来检验自己是否在认真倾听，二是倾听者要通过复述来检验自己是否准确领会了说话者的意图。

⑥请勿打断说话者。

作为一个合格的倾听者，不会在说话者表述其想法的时候打断他。这是因为，打断说话者的表达，后果真的很严重：一方面可能会引起说话者的反感，导致他不愿意继续沟通；另一方面可能会让自己错失说话者要传达的重要信息。

⑦耐心倾听。

很多时候，人们都在进行一种假的沟通。为什么这么说呢？因为他们愿意倾听别人的条件，仅仅是为了让别人能够倾听自己，他们最终表达的都是"我",却丝毫没有通过倾听在别人处学到什么。

在沟通中,一个好的听众应该是一个耐心的倾听者,而一个耐心的倾听者会"听"到说话者还没有说出口的话。

⑧在听者与说者的角色之间顺利转换。

为什么倾听还要做好听者与说者的角色转换呢?这是由团队的实际情况决定的。在大多数团队活动中,听者与说者的角色在不断地转换。积极的倾听者能够在听者和说者的角色之间进行流畅地转换。从倾听的角度来说,这意味着听者要集中精力关注说者所要表达的内容,即便有机会也不去想自己接下来所要表达的话。

2. 表现出兴趣

不少管理者终其一生都在做让下属员工对其感兴趣的努力。实际上,这是一种可怕的误区。通常情况下,让员工感兴趣的并非他们的管理者,而是他们自己。也许,你会对此有异议。纽约电话公司的调查会告诉你真相。

若干年前,纽约电话公司就人们在电话中最常提到的词做了一个调查,调查涉及 500 个电话通话。结果发现,在这些通话中,"我"出现了 5000 多次。于是,"我"以绝对优势成了人们最常提到的词。人们对自己的兴趣由此可见一斑。

具体到团队沟通,团队领导者只要真心对团队成员感兴趣,就会在管理方面取得出人意料的成绩。

在多数情况下,一家企业需要几位主管在一起合作工作,他们必须要知道:管理技巧的获得与团队合作并非一蹴而就,需要持续不断的付出。沟通不一定建立在完全信任的基础上,但信任必须完全建立在开放的沟通之上。不仅是团队，还包括家庭及其他组织，都必须依靠开放的沟通来解决问题。而要实现开放的沟通，就需要沟通双方真正表现出对对方的兴趣，设身处地为他人着想，学着感受他人的需要并接受彼此的不同之处，尝试从他人眼中看自己。

团队如何进行有效沟通

1. 团队领导者如何进行有效沟通

对于团队领导者来说，要进行有效沟通，可以从以下几个方面着手。

第一，应该明确沟通目标。

对于团队领导者而言，学会目标管理是进行有效沟通的一种解决方法。在目标管理中，团队领导者与团队成员共同讨论目标、计划、对象、问题以及解决方案，因为整个团队都拥有同一个目标，这就使沟通具备了共同的基础，能够使彼此更好地了解对方。即便团队领导者不接受团队成员的意见，也能理解其观点，团队成员对领导者的要求也会有进一步的了解，沟通的结果自然能够得到改善。如果绩效评估采用类似办法的话，同样能改善沟通。

第二，应该善于利用各种机会与成员进行沟通，甚至主动创造出一些沟通途径。

与成员进行交流并不难，难的是要营造一种让团队成员在需要时可以无话不谈的轻松环境。

2. 团队成员如何进行有效沟通

对于团队成员来说，要进行有效沟通，可以从以下几个方面着手。

第一，知道沟通时要说什么。

知道沟通时要说什么，换句话说，就是要明确沟通目的。如果连沟通目的都不明确，就说明团队成员本身并不知道自己该说什么。既然如此，又怎么指望他将明确的意思传递给其他人呢？这样一来，沟通目的根本就无从实现。

第二，知道自己该什么时候说。

团队成员在进行沟通时，不仅要知道自己该说什么，还要掌握好沟通的时间，知道在什么时候沟通更容易成功，什么时候沟通效果适得其反。

比如，沟通对象正大汗淋漓地忙工作，你在旁边不断地和他商量一些事情该怎么做，显然会招来沟通对象的反感。沟通时机不对，沟通效果也不会好。如果沟通对象心情非常好，正在和大家侃侃而谈，这时候你要称赞他几句，然后适时地谈自己的一些要求，就可能得到沟通对象的痛快应允。因此，要想实现有效沟通，就必须掌握好沟通的时间，把握好沟通的火候。

第三，必须了解说话对象。

俗话说："对什么样的人，说什么样的话。"针对不同的沟通对象，说话的方式、方法都会有所不同。例如，一个喜欢听赞美的沟通对象，我们可以多多赞美他。他一高兴，我们就可能顺利达到沟通目的。如果沟通对象是一个很务实的人，我们就要给他分析利弊，让他知道这样做的好处，才可能达到沟通的效果。拍他马屁，说奉承话，只会招来他的反感和不信任。

第四，要选对沟通对象。

比如，你想要申请某项业务经费，就要找负责此项经费审批的老总，而非副总。否则，你和副总沟通半天，他也不能决定业务经费的事情，还要请示老总。只有找准沟通对象，才能使沟通迅速见效。

第五，懂得沟通技巧。

作为团队成员，应该知道向谁说、说什么，也应该知道什么时候说，但如果不知道怎么说，仍然难以达到沟通的效果。沟通要用对方听得懂的语言、文字、语调或肢体语言，等等。团队成员要掌握的就是这些沟通技巧。有了这些沟通技巧的加持，团队成员才能实现有效沟通，实现沟通的目的，才能建立良好畅通的沟通渠道。这样，整个团队才能顺畅地向前发展。

8

合理激励,让自组织精英小团队自动自发

经营企业的核心在于经营人，经营人的核心在于经营人的动力，对自组织精英小团队进行激励，目的就是经营人和人的动力。这就需要企业首先将思路打开。思维一开，企业经营方法自来。

▪ ▪ ▪ ▪ 给全体成员足够的团队奖励

在传统的团队管理中，有些团队领导者喜欢奖励个别出色的团队成员。他们认为，激励一人可以带动一片——其他人看到出色者得到了奖励，也会努力去工作，以获得奖励。真的会这样吗？其实未必。只奖励个别人，有时会打击到其他团队成员。他们可能会想："我表现得也不差，凭什么只奖励他，不奖励我？""我比他能力还强，为什么我没有得到奖励？"有了这种想法之后，团队成员就容易产生消极情绪，对上司的工作安排就会产生抵触心理，工作的积极性、主动性都会大打折扣。

枭雄曹操就深谙只奖励个别人的弊端，采取了奖励团队的方式，鼓舞了自己手下武将的士气（该事例出自《三国演义》）。

建安十五年（210年）春，铜雀台建成。在庆贺铜雀台落成的典礼上，曹操提议让武将们比武助兴，活跃现场的气氛。他命人将一件红色的锦衣战袍挂在垂杨枝上，然后又在树下设置了箭垛，规定参与者要站在离此一百步之外的地方。随后，曹操又把手下的武将分成两队：一队是属于曹氏家族的将领①，另一队是外姓将领。曹操说："谁射中箭垛红心，我就赏他这件锦袍；谁射不中，我就罚他喝一杯水。"虽然这件锦袍并非价值连城的宝物，但它是荣誉的象征，就像世界大赛中的冠军奖杯一样有意义，因此，大家兴致都很高，都想在比试中获胜。

比赛中，两队武将轮番献艺，各自使出自己的撒手锏。曹氏家族的曹休、曹洪、夏侯渊，另一组的文聘、张郃都射中了箭垛红心。按照曹操刚刚制定的规则，这五个人都有取得锦袍的资格。大家互不相让，都不服输，场上气氛越来越紧张。

忽然，徐晃一箭射中了挂袍的柳条，又急忙驱马接下锦袍。将锦袍披在自己身上之后，他又驱马到铜雀台前，大叫："谢丞相（指曹操）赐袍！"曹操和在场的众位文官都大赞徐晃。就在这时，许褚飞马来抢。两人从马上打到地上，结果把锦袍撕碎了。曹操见状，赶紧下令住手。此时的徐晃和许褚咬牙切齿，横眉冷对，都想跟对方拼命。

---

① 按《三国演义》，曹操之父曹嵩是从夏侯氏过继而来的。曹操一向也视夏侯氏众人为亲族。此处，属于曹氏家族的将领包括曹氏和夏侯氏的武将。

曹操很聪明，他没有让一件锦袍伤了大家的和气，而是下令赏赐两队的所有将领蜀锦一匹。这才打消了徐晃和许褚的怒气，诸将称谢，场上的气氛又重归欢乐。

有时候奖励团队不仅能显示公平，还有助于缓解矛盾。因此，不论何种形式的奖励，要想真正达到效果，就要想办法让团队成员都感到满意。那么，对于自组织精英小团队，到底该怎样进行激励呢？

首先，放低姿态，给小团队成员利益、授权和尊重。

创业初期的小米公司就是这样做的。其管理层在工作中总是放低姿态，去跟小团队成员打成一片，倾听小团队成员的想法，了解小团队成员想要的激励，给小团队成员参与感、成就感。雷军说："天理即人欲。"他认为，让小团队成员满意的办法，每个企业老板都能想到，主要是看企业老板舍不舍得。

雷军在创办小米的时候，心态非常平和，因为此前他已经做了20年企业，早已功成名就。在做小米之前，他是中国著名的天使投资人。可以说，小米是梦想驱动的，雷军就想创造一家伟大的公司。所以，在这种情况下，他给了合伙人、核心团队成员足够的利益保证、授权和尊重。

在传统企业中，很多公司舍不得花钱激励员工，到了公司快上市的时候，才跟员工说对方的股权是多少，但雷军一开始就跟团队合伙人讲明白了。要知道，今天的人才竞争这么激烈，如果企业没有足够的诚意，没有拿出足够的利益激励员工，而是纯粹地讲感情，是很难把企业做大的。

其次，打破常规，换一种形式进行团队激励。

为了更好地说明情况，让我们先来看下面的例子。

8 合理激励，让自组织精英小团队自动自发

某老板接到了一项业务，要将一批货搬到码头上去，而且这项业务必须在半天之内完成。任务相当重，而他手下只有十几个伙计。这天中午，老板亲自下厨做饭。开饭时，他给每个伙计盛好饭菜，并亲手捧到他们的手里。

伙计小刘接过饭碗，拿起筷子，正要往嘴里扒饭，一股诱人的红烧肉的浓香扑鼻而来。他用筷子扒开米饭，发现里面有三块油光发亮的红烧肉。小刘立即扭过身去，一声不响地走到屋角，狼吞虎咽地吃起来。

这顿饭，小刘吃得特别香，他边吃边想："老板真看得起我，今天我要卖力地干活。"于是，他在搬货的时候，几乎是一路小跑，汗流浃背也在所不惜。整个下午，其他伙计也像他一样卖力，结果按照伙计们以往的工作效率，要一天才能搬完的货，大家一个下午就搬完了。

下班的时候，伙计们在一起窃窃私语。有人就问他的同伴："你今天怎么这么卖力？"同伴回答："中午吃到了红烧肉，老板太看得起我了，哪能不卖力呢？"……没想到，这一聊大家才知道，原来中午每个人都吃到了三块红烧肉。众伙计这才恍然大悟：难怪中午吃饭时，大家都闷声不响，吃得那么香。

试想一下，如果这些红烧肉放在一个盘子里，让大家分着吃，大家搬货的时候还会那么卖力吗？可能有的人会，有的人不会。同样是红烧肉，同样是几个人吃，却产生了不同的激励效果，足见这位老板激励方式的精明。

为什么老板要单独在每个人碗里放三块红烧肉呢？我们知道，每个人都渴望被关注、被激励，每个人都会因激励而产生自豪感、成就感。老板这么做，就是想激励每一个人，让大家感到这份激励只是针对自己的。如果把红烧肉集中起来放在盘子里让大家共享，可能就产生不

181

了这种效果。

　　从这个案例中，我们可以发现：在对自组织精英小团队成员进行激励的时候，最好不要把激励摆在桌面上让大家共享，而应试着暗中激励小团队成员，让大家认为这种激励只针对他自己——事实上大家都享受到了平等的激励。

▪ ▪ ▪ ▪ 开放股权，让优秀成员成为公司合伙人

　　把优秀的小团队成员变为公司的合伙人，可以让小团队成员对公司的感情更进一步，让每个成员产生真正的归属感、主人翁感，这对小团队成员的激励效果是其他任何激励措施都代替不了的。

　　古语说，二人同心，其利断金。当企业与小团队成员有了共同的目标和使命感时，小团队成员才会与企业风雨同舟、同甘共苦。把小团队成员变成合伙人，是一种人性化的经营之道。聪明的领导者会把小团队成员当成家人一样对待，使团队成员不仅是公司财富的创造者，还是公司财富的分享者。

　　通过股权激励的方式，把小团队成员变成公司的合伙人，可以有效地改善公司的组织结构，降低公司的运营成本，提升公司的管理效率，增强团队的凝聚力和竞争力。

公司发展靠的是人才，靠的是优秀人才、核心人才。因此，激励这些核心人才，留住这些核心人才，是公司稳定、持续发展的关键。团队合伙制就是最好的激励举措。把小团队核心成员变成合伙人，他们才会把公司的业务当成自己的事业，全身心投入。

对优秀人才进行股权激励，是很多合伙制企业常用的激励策略。然而，有些公司在采取股权激励时，往往会走入一些误区，导致没有让股权发挥应有的激励作用，产生的激励效果十分有限。要想避免这些误区，在进行小团队股权激励时，应注意以下几个问题。

第一，股权激励要定时。

有些老板在公司初创阶段，就开始给小团队成员发放大量的股权，甚至进行全员持股。这种做法其实并不明智。对于公司的核心合伙人或碰到的优秀人才，经过磨合期之后，老板可以给他们发放股权。但是，对非合伙人层面的小团队成员过早地发放股权，会导致股权激励的成本太高，而给每个小团队成员发放3%～5%的股权，他们很可能没有感觉。没有感觉就意味着激励效果不好，甚至会被小团队成员认为企业在"画大饼"，可能会起到负面作用。

因此，股权激励一定要把握好时间。一般来说，当公司的利润达到了一定的指标，公司的发展趋于稳定后，再给团队成员发放股权，效果会比较好。另外，还要控制发放股权的节奏与进度，为后续进入团队的人才预留股权发放的空间。

第二，股权激励要确定对象。

能够参与到股权激励中来的，通常有合伙人、中高层、骨干小团队成员与外部顾问。对于合伙人来说，通常主要拿限制性股权，不参与股权分配。但是，如果合伙人的贡献与其所持的股权非常不匹配，可以给其增发一部分股权。企业中高层、优秀骨干人员则是拿股权的主要人群。

第三，股权激励要确定股份额度。

经常有创业者问："团队刚招聘了一名技术人员，应该给他分配多少股权？"对于这个问题，我没办法给出标准答案。理由是：第一，技术人员多种多样，能力也有差别，而且有些技术人员是合伙人，有些技术人员是打工者。第二，同样是技术合伙人，如果在技术驱动型公司，他的作用就非常大；如果是在销售驱动型公司，他的作用就相对小一些。公司类型不同，技术合伙人所起作用不同，他拿的股权也有很大的差别。这一点从腾讯与阿里巴巴这两家公司的技术合伙人的股权配置上，就可以很明显地看出来。

一般来说，公司的"股权池"在10%～30%居多，15%是中间值。当公司"股权池"确定下来后，再综合考虑职位、贡献、薪水与公司所处的发展阶段，公司给小团队成员的激励股权数也就基本确定下来了。另外，公司也可以让小团队成员自己选择是拿"高工资＋低股权"，还是拿"低工资＋高股权"。对于企业创始人来说，他们当然希望小团队成员选择后者。

第四，股权激励也要小团队成员出资。

小团队成员拿到公司的股权，是否需要出资呢？对于这个问题，我的建议是必须出资，但又与投资人出资买股权不同。该建议的根据是什么呢？主要有以下两个。

首先，小团队成员之所以必须出资，是因为出资买来的股权与没有出资得到的股权，对小团队成员来说，意义是大不相同的。出资买的股权，即便用的钱不多，小团队成员也会很珍惜。比如，我们买个东西回来和捡个东西回来，会更珍惜哪个东西呢？答案不言自明。

其次，小团队成员之所以不用像投资人购买股权那样投入一大笔钱，是因为这样做不仅可以缓解小团队成员的资金压力，而且也是基于小团队成员会长期参与创业考虑的。如果小团队成员中途退出了，公司会回购他们的股权，这样小团队成员也是可以接受的。

至于具体出资数目，建议让小团队成员按照公司股权的公平市场价值的一定折扣价取得股权。在股权激励的时候，一定要让小团队成员意识到，他们投入一小部分钱的股权本身价值不菲。

在这里，要提醒创业者的是，不要免费给小团队成员发放股权。那样，小团队成员就会很自然地认为股权不值钱。如果形成了这样的认知，小团队成员一旦中途离职，就不会认为股权应该被回购，而是认为必须给他们。若是发生了这种情况，公司付出了股权不说，还没有收到股权激励的效果，甚至可能与小团队成员发生矛盾纠纷，导致对簿公堂。

▪▪▪▪ 以成员贡献和价值为标准进行利润分配

在对小团队成员进行利润分配时，有一点一定要注意，即千万不要采用平均主义。平均主义意味着什么？意味着"大锅饭"，意味着小团队成员的贡献是一样的，价值是一样的。事实上，小团队成员的贡献与价值是一样的吗？当然不是。因此，企业如果采用平均主义分配利润，就抹杀了小团队成员的独特价值和贡献，会打击那些有着"我比别人优秀"想法的小团队成员，这与合伙制的本意是相违背的。

那么，合伙制的本意是什么呢？是充分尊重小团队成员的贡献与价值，拿小团队成员的业绩说话。这一点在北京东三环某购物广场中的超市就有很好的体现。

该超市于2014年10月份引进合伙人机制，设定了以利润分享为宗旨的经营方针，并首次在生鲜部门实行，将部门超额利润中的一部分用于激励小团队成员，旨在激励大家努力工作，积极创造收益，充分体现了"有付出就有回报"的管理思想。

该超市的生鲜团队包括部门负责人、技术工、生鲜理货员等在内，一共有10名员工，一个月就实现了超额绩效2万多元。按照岗位系数进行分配，每个人获得的月工资相当于以往1.5个月的工资。按照这种利润分配模式，业绩好的小团队成员一年下来大概可以比往年多拿相当于之前4~5个月的工资。

实行利润分享制度之后，生鲜团队的负责人发现团队成员的工作热情有了明显提高。之后，公司将利润分享制推广到不同的部门及团队，并通过内部积极宣传，让大家意识到：自己的收入与部门、柜台的总收入、利润等是挂钩的，只要能够增加销售量，增加超市的盈利，个人的收入也会水涨船高。因此，每个人都在暗自使劲儿，都想为超市多贡献力量，提高自己的业绩。

在工作上，大家开始思考如何提高自己的工作技能。比如，在搬运货物时轻拿轻放，想办法减少果品的损耗和浪费；在为顾客提供服务时，很自觉地露出微笑，表现得十分热情；当超市内的客流量减少时，自觉地拿起喇叭做促销……这些做法对提升客流量和销售额都有一定的帮助。

也许，你会纳闷：为什么每名员工都暗自使劲儿呢？答案无疑是因为该超市实行了利润分享制，即按照员工的业绩在超市总业绩中的比例进行利润分享。换言之，就是员工的个人业绩越好，月末所分享的利润、所得到的奖金就越多。这样一来，员工之间既存在合作的必要，又在客观上存在竞争关系。

利润分享制一下子打破了原来的平均主义（此前同一工种的工资相同），又打破了原来吃"大锅饭"的状况，充分体现了多劳多得、绩效优先的奖励原则。这不仅有利于实现公司的盈利目标，又能大幅度提高员工的收入，无疑是一种双赢的激励机制。

有些公司在实行利润分配时，很容易陷入这样一个误区：事先设定一个月的业绩额度，超额部分按照比例或者全部用于奖励小团队成员，可是在分配的时候就出问题了——采取的是分享金额的总数除以团队总人数，每人得一份奖金的平均主义。

举个简单的例子。假如某销售团队的月业绩超额部分为3万元，该团队一共有10名销售人员，按照这种平均主义的分发，每人都得到了3000元的奖励。这种分配方式看似简单公正，其实不然。要知道，这10名销售人员的能力、业绩并不相同，他们对当月部门能够超额完成业绩目标的贡献值也并不一样，按照平均主义原则去分配，一定会出问题。

这种做法会让业绩差的销售员占到便宜，会让他们认为自己不用那么努力，也能拿到同样的奖金；会让业绩好的销售员感到不满，会让他们认为自己再怎么努力，最后得到的奖金也和那些不努力的人一样。如此一来，消极怠工在整个部门、整个团队内就会成为常态。这与企业最初激励小团队成员的初衷不就背道而驰了吗？这充分说明了一个问题：无论如何，都不能按照平均主义分配利润。

那么，对于自组织精英小团队来说，怎样才能避免利润分配中的平均主义呢？

第一，按照职位不同设定利润分享的系数。

在实行利润分享制之初，企业可以按照职位的不同，给每个人设定利润分享的系数。比如，团队总监重要性无人能及，分享系数为3；团队负责人是计划执行的领导者和实践者，还是指挥者，分享系数为1.5；普通小团队成员的分享系数相同，均为1；然后用分享金额总数除以分享系数总和，用得出的数分别乘以各人的分享系数，就得出每名成员应该分享到的奖金。

第二，按照合伙人所占股份的优先原则分享利润。

在利润分享时，合伙人也要参与分享。为了让合伙人之间保持公平性，可以采取以所占股权优先的原则进行分享；同时，结合合伙人在工作中的贡献和职位的不同所设定的分享系数来进行综合计算。这样既保持了公平，又体现了差别，充分体现了对合伙人所做贡献的尊重。

第三，按照小团队成员当月业绩所占总业绩的比例分享利润。

对于普通小团队成员来说，可以按照他们各自当月的业绩占总业绩的比例进行分享。有些部门的小团队成员如果不参与直接销售，没有具体业绩，就按照分享系数进行分享，这样可以最大限度地保证分享的公平性。

9

顺应时代，实行群落化管理

数字化时代，企业要根据自身条件进行群落化管理，比如建立公司社群、组建蜂窝式组织架构等。

■ ■ ■ ■ **体验社群经济的魅力**

数字化时代的到来使人与人之间的交互"更近一层楼"。在数字化时代，每个人都可以与他人进行交流，都可以自由表达，谁也不能限制他人的言论及兴趣爱好。借助数字化的便利，信息得到高速传播，于是有着相同兴趣或者价值观的人便会不约而同聚到一起，从而形成一个网络社群。

社群成员一般分为以下三类。

第一类是高层次社群成员。

此类成员在实际生活中属于身家富足、颇有号召力、影响力的人群，最看重的是面子，往往在消费中追求荣耀感。企业如果能从自身的产品出发，满足他们的需求，并被他们认可，就将在社群里产生一种强大的影响力，甚至能影响到每名成员。

第二类是中层次社群成员。

此类成员在实际生活中具有一定的影响力、号召力，并且熟悉社群成员的各种品位，在社群中拥有较强的话语权，是社群中的中流砥柱。这类成员在选择产品时会表现出很强的专业性，并且能为社群里其他成员选择产品提供意见，可以说他们是产品口碑传播的源头。企业如果能成功取得这类成员的信任，在社群里就会拥有权威性的话语权，能更好地进行口碑传播。

第三类是基层社群成员。

此类成员是因为拥有相同的兴趣爱好才来到社群里的，但是他们一般只有在需要对某产品进行消费时才会在社群里发问。他们在现实生活中没有什么权力，在社群里一般也只是围观，但社群里这类成员占多数。他们不太了解社群关注的某些事，所以一般比较容易受到中高层次社群成员的影响。

企业不是要把产品卖给所有人，不需要让所有人都觉得企业的产品适合他们。企业需要的是那些非需要自己产品不可的用户。至于那些认为企业产品对他们来说可有可无的消费者，正是有待企业开发的粉丝资源。通过社群的交互属性，企业可以把他们变为自己的朋友，进而将他们变为产品口碑的传播者。

因此，企业一定要在社群中服务好产品的拥趸，要得到社群中的高层次成员与中层次成员的认可，借助他们的力量去影响基层成员，再以社群为中心进行口碑传播。著名汽车品牌宝马就是这样做的。

宝马旗下的 MyBMWClub（宝马官方车主俱乐部）于 2009 年成立，不到 5 年的时间，就拥有了 20 万的"铁粉"，他们分散于全国 34 个省级行政区。

MyBMWClub 成立之初，就举行了丰富、有趣的线上线下活动，以获取积分商城的礼品和各类增值服务来吸引宝马车的车主。该俱乐部将这些车主聚集在一起，进行企业与成员的交互、协同，以及成员之间的互动等，从而增进彼此的感情，借助这些车主将口碑扩散出去。

2011 年，MyBMWClub 开发了移动端 App，并且将 IM 技术移植到 App 里面，企业和各位车主可以在 App 上进行交谈，增加彼此的信任感。然后，再将这些车主往论坛里面引流，在论坛社群里把车主变为朋友。再到后来，MyBMWClub 在微博及微信上也进行了开发，建立了微博群及微信群，这让社群的交互变得更加轻松，大大提升了宝马公司的口碑。

其实，MyBMWClub 能在 5 年内坐拥 20 万"铁粉"，除了自身建立的社群外，最主要的还是通过其他社群来推介自己。MyBMWClub 到一些轿车爱好者的 QQ 群、微信群、微博群及影响力较大的论坛等社群上寻找目标，在这些社群里找准具有权威性和影响力的人，先满足他们的需求，再通过他们将宝马的口碑及各类信息传播出去，进而影响其他社群成员，进一步扩散。

当然，MyBMWClub 的目标社群里不只包含轿车爱好者，还包含职场白领的社群、旅行类社群等。MyBMWClub 通过某些切合的切入点去激发他们的兴趣，触动他们的情感，将他们引领至不一样的世界；通过这些社群的权威意见领袖的力量，去感染众多社群成员，以此将产品推介出去。

在数字化时代，一家企业要想真正在营销上取得好成绩，必须以极致的产品和用心的运营为基础。众多企业都意识到了社群的力量，但是在真正实践中却经常遭遇举步维艰或者效果甚微的窘境。归根结底，这是因为，它们不了解怎样利用社群进行营销。要改变这种窘境，企业必须真正了解社群的存在方式，并且分清社群里面的阶层之分。企业只有抓牢社群中的权威意见领袖，通过他们去宣传，才能让自己的良好口碑源源不断地传播出去。

▪▪▪▪ 交互、协同：社群效应发生作用的基础

很多人常常会把社群和社区混淆了，弄不清二者的区别。其实，区分它们并没有那么难，从语义的角度就可以做到。社群中的"群"表示群落，这个群落里的人往往彼此都很熟悉，经常相互交谈，互相帮助；社区中的"区"表示区域，只是表示某个区域的那些人，不包括那些人之间的关系，以及他们之间有没有交集。下面举例说明。

先来看社区。比如，有些人会对某个主题或某个热点事件感兴趣，

因此他们会去关注能对它们进行普及或解说的知乎，并在知乎中针对自己感兴趣的东西翻找、查看相关帖子。这些知乎用户之间交流不多，彼此并不熟悉，也几乎不会倾心交谈。这样的圈子就称为社区。

再来看社群。比如，某大学的校园论坛里，有很多学生进行注册。这些注册的会员在论坛里求资源、技术分享等，那些有资源及懂得技术的人便会分享他们的所知所有，供别人免费下载及学习。除此之外，他们每天还会发帖子、开玩笑、聊生活等。有些人还会规定在一周内的某天几点进行线下活动、玩游戏等。论坛会员此进行交流互动，他们彼此熟悉，也会互相帮助。这样的圈子就称为社群。

通过上面的例子，我们可以看出，社群比社区多了交互与协助。这是两者的最大区别，也是社群效应发生作用的基础。而社群要形成就必须具备以下三个基本因素。

一是要有共同的目标。

目标可以称为纲领，更通俗一点就是调性。一般拥有共同目标的人很容易形成群。他们秉持着一样的纲领"走"到一起，形成了社群的基础。

二是要有高效率的协同工具。

之前的群主要依赖于PC端，但数字化时代帮了社群一个大忙，社群的建设纷纷由PC端转向移动端，手机QQ、微信、微博等移动端产品大显身手，使社群成员互相协助变得更加容易。

三是要有一致行动。

因为社群成员目标相同，互相协助也方便，所以一致行动变得非常容易，而一致行动能促进社群的稳固。

在数字化时代，各类网络社群层出不穷，企业想要在新时代的市场里"平步青云",除了要生产优质的产品外,还要重视社群对营销产生的作用。企业拥有好的产品和优质的服务,就可以吸引粉丝。这些粉丝因为调性相同,便会不约而同地走进同一个社群里,他们之间会进行交互及协助等。久而久之,他们彼此变得熟悉起来,熟悉就会让人觉得可信任。因此,社群里某个人的某句话,都有可能产生巨大的效应;一个人很可能会影响到一群人,并且能带动一群人去做某些事情。

如今,移动端逐渐上升为数字化的主体,社群的建立更加便捷,企业也应该及时看到数字化带来的便利,在营销之路上加大对社群营销的重视,将分散的粉丝聚在一起,建立专属于他们的社群部落,再提升粉丝的互动性与协助性,从而建立完善的社群。这样,社群里的每一个人都有可能成为企业营销的帮助者。

▪ ▪ ▪ ▪ ▪ 建立社群的ISOOC原则

无论是企业内部的员工群,还是顾客群,在组建企业社群时,都要把握遵守ISOOC原则。所谓ISOOC,就是同好(interest)、结构(structure)、输出(output)、运营(operate)、复制(copy)。

同好

社群建立的首要条件——同好，能够决定社群的成立。

什么是同好？主要指人们对某种事物的共同认可或行为。可基于某一个产品，例如 iPhone、锤子手机或小米手机；可基于某一种行为，例如读书交流；可基于某一种标签，例如手机发烧友；可基于某一种空间，例如某生活小区；可基于某一种情感，例如老乡、校友、班级；可基于某一类三观，例如"有种、有趣、有料"。

结构

社群成立的第二要件——结构，能够决定社群的存活。

大多数社群为何很快走向沉寂？原因是管理者一开始就没有对社群的结构进行有效规划。社群结构包括组成成员、交流平台、加入原则以及管理规范。如果做好这四个方面，社群就能存活得更长。

组成成员：发现并号召起那些有同好的人抱团组成金字塔或环形结构。最初的那批成员会对社群之后的发展会产生巨大的影响。

交流平台：找到足够的成员之后，要有一个聚集地当作成员之间日常交流的大本营。目前常见的有 QQ、微信以及 YY 等。

加入原则：有了元老成员并建好平台后，更多的人会慕名而来，社群就需要设置一定的筛选机制作为门槛，一来确保成员的高质量，二来会让后加入者因为加入不易而格外珍惜这一社群。

管理规范：成员人数增多后，社群就需要做出恰当的管理。不然，大量的广告或灌水会让很多人忍不住选择屏蔽。因此，社群要设立管理规范，具体来说，一要设立管理员，二要不断完善社群规定。

输出

社群构成的第三要件——输出,能够决定社群的价值。

所有的社群在最先成立的时候都有一定的活跃度,但如果社群不能持续提供价值,社群的活跃度就会慢慢下降,之后容易沦为广告群。缺乏足够价值的社群迟早会成为"鸡肋"。

一旦社群沦为"鸡肋",无论是群主,还是群员,都不会再投入精力与热情。他们会视自身的情况选择退群、解散群、加入一个新的社群或重新创建一个社群。有的群员虽然选择继续待在群里,但并非对这个群怀有特别的热情,他会时不时地查看这个群能否带给他一些价值。倘若观察一段时间后,发现这个群完全无法带给他任何有利的东西,他很可能会在这个群里面"捣乱"(发一通广告信息)。因为他已经完全不在乎是否会被"踢"出这个群,发些广告或许还能收到一些即时利益。

为了杜绝以上情况的发生,好的社群一定要能带给群员稳定的服务输出,这才是群员加入该社群并留在该社群的价值所在。

除此之外,社群还需要衡量群员的输出成果。只有确保"全员开花",才是一个好的社群。倘若总是意见领袖在发言,那不过是在走粉丝经济路线。

运营

社群构成的第四要件——运营,能够决定社群的寿命。

没有经过运营管理的社群很难保证拥有较长的生命周期。通常而言,社群从始至终通过运营要建立"四感"。

仪式感: 例如,加入要通过申请、入群要接受群规或行为要接受奖惩等，以此确保社群的规范。

参与感： 例如，组织讨论或分享等，保证了群内有话聊、有事做，也保证了社群的质量。

组织感： 例如，通过对某主题事务的分工、协作以及执行等，确保社群成员的战斗力。

归属感： 例如，通过线上线下的互助、活动等，确保社群的凝聚力。

复制

因为社群以情感归宿与价值认同为核心，群员越多的社群面临情感分裂的可能性就会越大，做到规模巨大还能确保情感趋同是非常难的。

一个社群如果想要复制多个平行社群以便形成更大的规模，在真正做出这一举措之前，请首先回答以下三个问题。

1. 自组织是否已经构建完成？

要考虑是否具备充足的人力、财力以及物力。不能总围绕中心展开，但也不可完全没有组织性。

2. 核心群是否已经组建完成？

要保证拥有一定量的核心小伙伴，他们作为社群的种子用户加入，引导社群向好的方向发展。

3. 亚文化是否已经形成？

要形成一种群体无障碍沟通的亚文化，例如大家聊天的语气、表情拥有相同的风格，这都属于社群生命力的核心。

▪▪▪▪ 组建蜂窝式群落性的架构

蜜蜂社群中有蜂王、雄蜂以及工蜂，产卵是蜂王的主要任务，和蜂王交配繁殖后代是雄蜂的主要任务，采集食物、哺育幼虫、以浆清巢以及保巢攻敌等都是工蜂应该执行的任务。

蚂蚁社群同样如此，有蚁后、雄蚁、工蚁以及兵蚁，工蚁又可分为巡逻蚁、护卫蚁、卫生蚁以及觅食蚁，而兵蚁的主要任务是粉碎坚硬食物，在遇到敌袭时进行战斗，各个种类的蚂蚁各司其职，相互依存与合作。

蜂窝组织与蜜蜂社群、蚂蚁社群类似，是由一个个六边形组成的，相互独立而又相互协作。一个个的蜂窝组织形成一个庞大的平台，形成一群群的蜂窝组织，并可以呈几何指数增长。

如图9-1所示，一家企业有销售部、技术部、市场部和行政部这些基本职能部门，每个部门的职能范围和工作可以随时在群组内沟通解决。如果遇到来自市场、客户或者用户的新项目、新合作，销售部和市场部可以随时组建新的项目组A；如果是来自客户对技术或者产品的建议，市场部和技术部可以随时组建项目组B。项目A或者项目B任务完成或者取消时，群组可以随时解散。以此类推，企业内部就会自发地形成延续不断的蜂窝组织，自我建设，自我迭代，自我消解。

在云管理的蜂窝群组中，纵向的群组由基本的功能群组结构组成，如销售部、技术部、市场部、行政部，这是企业基本的组织单位。基础的蜂窝群组让每个人都能找到自己在公司中的基本定位和工作范围及职责。横向的群组主要是以业务和市场为导向的群组，是根据特定的项目或任务、特别的客户、特别的项目，随机组织的主题式的蜂窝式组织。团队成员可以根据任务的复杂情况，决定是否需要把任务分解成各种小项目组，并组建新的群或者组具体推进工作。

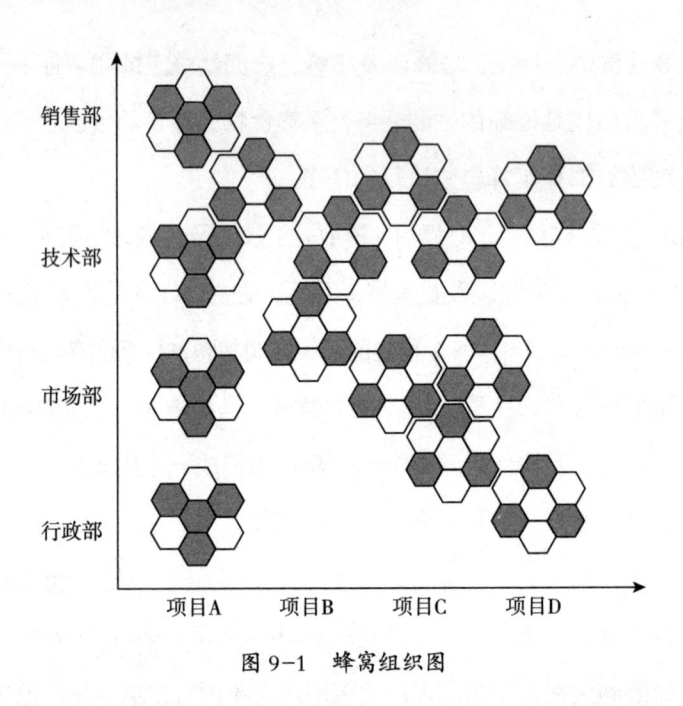

图 9-1 蜂窝组织图

群和组的基本区别在于，群会在一段时间内比较稳定地存在，不轻易解散，会有群文件夹分享各种资料、数据或者文档；而组会在一段时间内短期存在，不需要保存文档，只是临时解决问题而已，解决问题后即可解散。

有的群组对应的是一个职能部门，如媒体事业部、销售部、财务部、整合营销部等。这是基本的纵向群组，定义每个人在企业平台的基本定位和工作范围及职责。

有的群组对应的是工作组，比如海外部品宣沟通组、大会官网制作组。这些工作组临时组建，针对某些非常具体的任务，人数较少，但每个人都在该项目中承担相应的工作和职责。

根据特定项目组建的群组，项目负责人可提出需求，邀请和该项目相关的各个部门的人横向进入群组，相互配合完成此项目。每个特定的项目都由专人负责。群组成员一般都会同时横跨多个项目组，人才多重复用，进行多重互动。项目完成后，群组可以解散。

根据特定客户组建的群组，每名一线销售成员都有权力根据客户情况将相关的人邀请到群组，陈述一线遇到的情况，请求帮助和协助。其他成员则根据情况判断需要提供的协助，并进行推动。

云管理的同事基本都会横跨多个公司和部门，比如有横跨海外部和媒体策划部的，有横跨会议执行部和会员部的。每个部门都会给他们分配具体任务，他们不仅仅是列席会议。不同的人在不同的群组中身份不同，比如程序员张一在项目 A 中可能只是一名列席会议和提供一般性技术支持的成员，在另外一个项目 B 中则可能是核心成员，负责解决主要问题；一位部门的领导者在其他部门和项目组中可能是参与者和旁听者，保持信息对称，并及时推动本部门与此项目相关联的环节。

人员的多重复用，不是企业内部人手不够，而是有意识地让每个人都保持信息对称。多横跨一个部门，就能多了解一个崭新的领域，保持对外界信息的敏锐和敏感，快速成长，灵活调整，快速迭代，最后达成团队和企业共同成长的双赢局面。

蜂窝群组中的每个人都像变形金刚一样，出现在不同的蜂窝组织中；每个团队成员的身份都可能随时变化，在这个蜂窝中身份是负责人的人在另外一个蜂窝中可能只是团队成员。在公司的行政级别上，大家有一个对外的头衔或职位，但是，在公司组织内部，头衔经常会隐退，真正的领导者将在这样的组织结构中自动现身，这个人就是团队中提供资源和支持最多的人。

▪▪▪▪ 蜂窝群组式网络沟通的优势

如果从总体上评估现实中信息传递、决策形成、下达到执行层、团队精确执行到任务完成的整体时间，蜂窝群组式网络沟通有以下几大优势。

让企业目标更清晰更可控

工业化时代的很多管理理论都告诉我们，一个管理者最多可以领导6~7个人，超过这个数量就需要增加管理者了。这导致很多金字塔式企业管理中产生了大量管理者和被管理者，出现了层层管理。比如，某团队有30个人，就必须有5个左右的管理者来管理这30个人。而更上面的领导层之所以无法直接了解企业一线员工的情况，也是受制于这样的金字塔组织结构和所谓团队中人数的限制。

蜂窝群组管理打破了这种限制，它让每个人支持的群组数因人而异。领导层可以加入到任何一个群组中来，但其扮演的角色并非总是领导层。比如，有些群组需要领导层参与意见，有些群组则只需要领导层知悉情况。同时，领导层可以在需要的时候了解任何一个部门的动向，了解和掌握企业实时发生的情况。领导层可以清晰地判断每个蜂窝组织中的每一次决策，讨论该决策是否符合企业发展的趋势，是否趋近于企业所设置的目标，执行过程中是否出现了偏差。

蜂窝群组沟通可以督促每个团队成员全力以赴。比如，在传统管理模式下，很多同事基本上每天都会窝在角落里工作，不会被关注到；现在领导层可以通过群组中的沟通情况，对每个人的工作表现一目了然，可以非常清晰地了解每个人的主动精神。又如，原来卡在某个人身上的任务，如果中层不反馈、不督促，就很难被领导层发现；而采用蜂窝群组沟通，领导层可以及时对阻碍项目进度的情况进行监督和干预，保障项目顺利进行，保证事情有结果。

提高工作效率

很多数字化企业的员工已经受益于用 QQ 群、微信群组来和公司外部、同行或者合作伙伴沟通，可以熟练地在 QQ 群、微信群里出没。

云管理的同事很少加班，但是和其他每天都加班的团队对比之后，我们会发现云管理团队的工作量远比天天加班的团队要大，工作效率要高，白天上班的时间基本都被并行的工作有效地利用了，很多零碎的时间都在处理和反馈事情。而现实中的开会模式让我们在同一个时间段内只能处理一件事情，每件事情之间都是串联的，串联的工作效率远低于并联的工作效率。

蜂窝群组办公同时会有很多个并联的群组在沟通、讨论和决策事情，而这些讨论的过程都需要时间去思考，因此你可以在每个需要你参与的讨论中就当下的问题去思考，换另外一个群组时再思考当下的另外一个问题。当我们全情投入当下时，智慧便会产生。多任务协作并不是指在一个时间里处理多项工作，而是指我们在每一个时间间隔里都可以处理工作。

同一个人处在多个群组中，跨部门发挥一个人最擅长的技能，从单一部门的一项工作到跨部门并行多项工作，可以最大程度地利用一个人的有效时间。对企业而言，发展到跨部门并行多项工作，可以在一定时间内获得更多的信息，单兵完成更多的任务，产生更大的效益。

减少信息的失真

很多人都喜欢用面对面或者打电话的方式沟通，因为语言远比文字更快、更省事、更节省时间。这确实有一定的道理。不过，这种沟通方式容易造成信息传递的失真。比如，电话沟通后如果需要邮件汇报，就需要把沟通内容打成文字传递；如果电话沟通后再通过电话沟通，则需要进行第二次复述。

对于同一件事，每个人都有不同的理解和想法，每个人的复述过程都是重新解读的过程。传递一件事情的整个流程一般是这样的：事情真实发生—每个人都用自己的思维模式解读事件—对事情做出分析和判断—表达和输出自己的分析和判断。传递到最后一层团队时可能已经违背了第一个人最初的意图。

人和人之间的差异大多来自思维模式、个体思维的误区以及意识水平的高低。由于思维模式和意识水平不同，我们对同一件事情的解读完全不同。如果群组中的人对看到的事情加入太多的个人意识判断，那么结果有可能是相反的。

比如，我们请一个人吃饭，对方回复很忙，没有时间吃饭。如果从客观角度陈述事实，这件事的结果就是对方没有时间跟我们吃饭，理由是太忙了。如果我们加上主观判断，那么事件也许就会被解读为对方不愿意和我们吃饭。这样的解读会让我们产生负面情绪，从而失去理智的判断力。

蜂窝群组沟通使用文字记录的方式，方便转发，方便记录，方便截屏，可以如实地陈述和展现事实，可以让其他团队成员了解事情的来龙去脉，而不是加上个体主观判断后的意见再输出。这种沟通方式极大地避免了信息的不对称，可以让我们根据事实做出最贴近和还原事情本来面目的判断。

群组中的成员具备不同的性格和特质，我们忽略的，他们会注意到；我们不擅长的，他们之中有人有所擅长。他们在沟通中弥补了我们的缺失，在实践中帮助我们成长。

让人才脱颖而出

一个很有抱负的年轻人提到过这样一件事：他之前为一家游戏平台公司服务了两年多。公司内部会定期召开中高层会议。由于没有列席中高层会议的机会，因此他永远不清楚公司的 CEO 到底在想什么，也无法知道公司高层如何应对转瞬即逝的市场机会。他对企业发展有很多想法和建议，想在公司里获得重视，却没有机会得到上层赏识，也错失了他想忠诚地服务于这家公司的机会。最后，这家曾经风靡一时的公司在行业飞速发展的两年里遇到诸多问题，他也不得不另寻出路。

对企业的管理层来说，了解团队成员的情况，包括个人能力、人品、积极性、热情等非常重要。这有助于企业及时提拔人才，发掘人才，并助企业一臂之力。

蜂窝群组的每个成员都有机会针对某些事情表达自己的观点，阐述自己的想法，展现自己的性格和品质。成员的品行、修养、能力在每天的日常沟通中得以不断地呈现，成员之间也得以不断学习和成长。

群组沟通，让管理者知道下属的见解和想法，不再像传统行业管理者并不知道基层同事的思想和态度。同时，通过群组沟通，基层如果能得到领导者和大家的赞扬，就会信心大增；如果得不到赞扬或者受到了批评，就会反思自己哪里做得不对。这样一来，企业就做到了上下贯通。

降低决策风险

蜂窝群组将从以前的领导层做决策，变成多个人一起提供智慧，最后再由负责人做出最佳决策，这样比较容易走出个体思维的误区。在蜂窝群组中，每个人都可以充分发表自己的观点和想法，大家共同切磋、商量、推导，拿出最优的解决方案。团队通过充分沟通，利用信息的多元性，对各种可能性提供采样，在相对多采样的基础上做出决策，会比较趋近于最合理的解决方案。蜂窝群组沟通中也会出现争论，大家都坚持自己的想法和看法，这样的争论其实会避免因仓促决定而犯下错误，将犯错误的概率降到最低。

蜂窝群组沟通的模式容易让同事吸收每个人的经验和教训，也慢慢变得为更多人需要。比如，给客户写合作方案，自己不确定是否可行时，放到群组里，上到公司领导，下到基层同事，都能提出修改意见；再配合直观的沟通交流，适合客户的合作方案即可迅速出炉。

此外，将不成熟的想法直接发到群里时，若方向是正确的，大家就可以一起讨论帮忙将想法成熟化；如果方向是错误的，就会有群组成员尽快将想法制止并说明原因，避免再有类似的想法出现。这样做的好处有很多：减少不必要的时间浪费，让员工清楚高层对公司的愿景和自己努力的方向，避免问题在不同人的身上重复出现。

蜂窝群组中还会经常用到一种机制——投票机制。大家可以迅速对多种选择优化出 2～3 种意见；当这 2～3 种意见无法达成共识时进行投票，保留提供更优的第 4 种选择的机会。在小范围群组意见不统一或者人数相对较少的情况下，可以升级到人数更多的群组中进行投票。群组人群本身的多样性、多元性和相对较多的数量，可以保证投票的结果趋近于最合理。投票机制也不完全采用少数服从多数的原则，决策层依然拥有一票否决权，并对结果负责。

这样的投票在选择美工、设计、图片时尤其有效。每个人的审美情趣都不同，将小范围人群中大多数人选择的结果放到更大的人群中，喜好比例大体也差不多，这就能最大限度地避免产品和作品在上线后被大范围用户诟病。

一群平凡的人也可能拥有非凡的见解和智慧，甚至比同阶层中最聪明的人更为出色。追求信息的多元性，鼓励友善的竞争和想法交流，使用投票机制来获取最优选择，是蜂窝群组作为自组织的最大智慧之一。

数字化企业经营每天都会面临各种不可预知的情况，蜂窝群组快速反馈的机制可以让企业在一定限度内控制难以预期的变数，可以在很短时间内由一个群组的人，而非一个人来判断事情的重要程度，以及是否需要请求更多的支持。

一旦不可预知的情况出现，不需要来自他人的指示或者指导，群组内部可自行处理和解决，每个人可以充分互动，相互协助，随时变化角色，处理随机任务。

让每个人都可以成为任务处理中心

我们平时接触的任务一般是系统任务，这是组织内由上而下的任务，是常规的工作日中要完成的工作任务，是需要被完成的任务；还有一种是附加任务，这种任务来自外界，来自用户，来自市场，来自每一个独立自主的成员的额外发现，它可能是用户的一个抱怨，也可能是用户的一句鼓励，但它是否能成为发展的契机，取决于处理该任务的同事的悟性和灵性，也取决于每个同事处理任务的能力。

有些任务比较简单，很容易理解和执行，我们发现了即可处理掉它。有些任务则比较有难度。对于难度很高的任务，我们很难做处理，甚至手足无措，然后容易直接忽略；对于我们无法理解的事情，我们也无法敏锐地捕捉到它，会导致任务不存在。

蜂窝群组可以让每个人即使面对自己不理解的任务时，也可以通过如实陈述的方式，把自己发现的信息反馈到群组，然后获得群组其他成员的意见反馈和分析。如果确实会形成新的任务，再做出相应的决策。这种方式提升了每个人处理问题的能力，在面对市场、客户、一线时，每个人背后都有一群强大的群组在提供支持。借助团队和群组的力量，可以解决我们无法理解的任务。由此，每个人都可以成为任务处理中心和资源中心，团队也可以成长为自组织系统，迸发出真正的想象力和创造力。

让组织成为智慧型组织

不管是QQ群，还是其他协同群组，都可以为我们提供手机和电脑都能调用的云端文件、数据、资料，都可以将其编辑、保存、调用、同步。这些可能包括任务清单模板、公司规则、资料报告、任务分工等，让我们可以从蜂窝群组的其他人那里共享到自己需要的东西。除了这些可以被固化的内容之外，群组的每个成员都可以通过讨论、决策获取和学习如何做判断，如何做决策，并不断纠偏，最后熟练地总结经验，总结规律，形成任务清单，快速成长，快速迭代。

蜂窝组织像充满了活力的生命体、智慧体，可以让成员之间随时保持互动，不断形成新的想法流。这种加入时间维度的组织形态让我们从三维空间进入了四维空间，让组织变得更有智慧，让团队内部形成互相理解、互相学习、吸纳外界资源、整体互动思考、协调合作的群体，能产生巨大的、持久的创造力。

群组沟通不是让你更依赖同事，而是让你学会在独立思考与借力之间寻找一个趋向于正确而理性的结果。新入职的同事，刚开始在群组沟通中可能会有些困惑，每说一句话都要反复斟酌好久，因为怕说错话被批评，不适应。切记不能被这些顾忌牵绊，因为我们的工作实际上就是在不断地试错，然后改正，大胆地往前走，这样才会成长，才能更好地发挥自己。越来越多的群和讨论组邀请你加入，从某种程度上来说，已经说明了你的价值。

与以往的工作性质相比，这种群组沟通让工作更透明、更高效，遇到问题也不是一个人在战斗，可以借助大家的力量，领导者和同事们会非常及时帮你解决问题、协调工作，因为大家的最终目的只有一个，就是把事情做好。

▪ ▪ ▪ ▪ ▪ 群组成员之间如何进行有效沟通

无论是哪种企业办公模式，都不可避免地要涉及团队成员之间的沟通问题。

拿传统办公沟通模式来说，从沟通形式来看，采用的是线下沟通、电话沟通，或用电子邮件、QQ或者微信等即时通信工具；从沟通人数来看，沟通分为单独沟通和群组沟通。单独沟通就是一对一的沟通，或称为私聊；群组沟通是和一群人沟通，少则三人，多可几十人、几百人。

数字化时代为我们提供了方便快捷的网络通信工具，如微信，因此云管理中需要采用的沟通模式是基于网络即时通信工具的群组式沟通方式。当面沟通、电话沟通以及一对一的私聊是云管理的大忌，是最应该避免的，也是需要每个团队成员理解的关键环节。

很多人喜欢在工作中私聊，不管用什么方式，微信、钉钉、电话、邮件，都是私聊的沟通形式。他们认为，群组沟通会耽误其他人的时间。其实，我们如果不愿意在群组沟通中打扰到不相干的团队成员，减少对其他人的时间占用，可以通过以下方式来解决。

建立多层次的群和组，缩小群组沟通人数

有的群组人数较多，可能多达几十人左右。比如"航母群"，公司的全部成员基本上都在其中。这样的群组适合于跨部门、跨公司、跨领域的信息沟通和资源对接。这样的工作群是"广播"平台，可以"广播"

找人，找资源，找对接人。如果担心信息会打扰到自己正常的工作，平时可以屏蔽群组，让别人找你的时候@你，这样既不会错过重要信息，又不会影响自己的工作节奏。

像《西游记》中，每当走到一个不知名的地方，孙悟空想了解当地的背景信息，就会拿起金箍棒敲打地面，然后土地公就会应声而出，详细地指点孙悟空应该找谁去解决问题。蜂窝群组恰恰还原了这样的场景，让我们经常客串一下土地公的角色。比如，有针对性地讨论某个项目，或者为某家客户提供解决方案，可以建立3~8人的小组，组别人数最少3人，最多可能20个人，保持在6~8人的小组最合适。

减少支持能力较弱者的群组数量

在群组式沟通中，每个人所在群组的数量取决于个人做事效率（最关键因素）、对时间的感受能力以及支援他人能力的大小，这些因素统称为"云管理的支持能力"。对于支持能力强的人，群组数量相应增多，有时可能多到20~30个群组；对于支持能力弱的人，群组数量就少，可能只有1~2个。

支持能力强的人，很容易快速分辨在群组中哪些信息是有用的，哪些是需要自己来处理的，哪些是可以忽略不计的，且并行工作能力较强。而支持能力弱的人可能在同一段时间只能处理好一件事情，因此需要减少其群组数量。

10

用数字化思维引领
服务趋势

进入数字化时代，消费型创业的商业大潮正在悄然来临。要应对新的商业潮流，企业就要改变自己的思维模式，与用户站在同一个立场，与用户形成商业共同体。只有这样，企业才能赢得市场。

▪ ▪ ▪ ▪ 从企业为王到用户为王

数字化时代，商业世界一个重要的改变就是选择多样化。企业可以选择更多的商业模式、商业渠道、组织形式，用户可以选择更多的企业。在这种情况下，整个商业的主导权实际上已经悄悄转移到了用户手里。遗憾的是，有些企业的认知仍停留在传统时代，认为用户没有它们就寸步难行。柯达公司就是这类企业的典型代表。

  2012年1月19日，拥有100多年历史的老牌摄影器材企业柯达公司正式向法院申请破产保护。消息传来，让很多人大跌眼镜。人们不敢相信，承载自己青春记忆的柯达就这样落下了帷幕。

  曾经，柯达公司就是以摄影革新者的面目出现在大众视线中的。秉承着让"人人都会用"的理念，柯达公司的创始人乔治·伊斯曼把照相机从专业人士才能驾驭的专业设备变成了普通人就能操控的便携设备。更重要的是，这种便携设备还足够便宜。柯达公司因此一跃成为光学领域的巨头企业。

  在以后的日子里，柯达公司先后推出了一键完成拍照的傻瓜相机、集拍照和冲洗于一身的拍立得等多项产品，都广受消费者的好评。然而，进入数字化时代，一向以创新著称的柯达却突然落伍了。这是怎么回事呢？

  原来，面对用户越来越多样化的需求，一直在市场上占主导地位的柯达公司不愿意接受"用户为王"的现实，依然我行我素地按照自己的思路开发产品，意图继续用产品引领用户。值得一提的是，对于在数字化时代备受用户青睐的数码技术，柯达公司并非一无所知，也并非毫无关注。相反，早在1975年，该公司的工程师就发明了世界上第一台数码相机。可柯达公司出于经济方面的考虑，没有选择及时将该技术投入市场。结果，先机就这样失去了……

  就像当初的用户更偏爱傻瓜相机一样，数字化时代的用户更偏爱不用冲洗胶卷的数码相机。可柯达公司并不愿意改变其用产品引领用户的既有策略。就这样，柯达公司的用户开始流失，公司营业额连年下降。到最后，当柯达公司终于意识到事情不妙，并将数码技术投入市场时，整个公司已处在破产的边缘，再没有起死回生的机会了。

一代商业巨头柯达公司为什么倒在了数字化大潮中呢？这跟其在数字化时代到来之后仍固守企业为王的商业逻辑有直接关系。

诚然，无论什么时代，用户都需要企业来满足自己的需求，企业也需要用户为自己提供利润。至于他们之间关系的变化，则深受商业环境的影响。

在前数字化时代，企业占据绝对的主导地位。企业只要创造出一种"普适大众"的产品，很快就可以占据市场制高点。但是，数字化时代的到来却让"普适"的经营模式一去不复返。

在数字化时代，用户的需求变得更加多元化，而且这些多元化的需求都有实现的可能。也就是说，某家企业的某种或多种产品不再是用户唯一的选择。于是，企业与用户的地位发生了互换，用户在数字化时代开始扮演主导的角色，掌握了市场控制权。

柯达公司就是没有认识到这一点。在数字化时代，企业对用户的需要远大于用户对企业的需要。此时，企业如果还一意孤行跟用户抢市场主导权，结果很可能就是被用户抛弃。

对于数字化时代的企业来说，跟产品同等重要的还有口碑。企业不仅要以产品满足顾客的需要，还需要用户帮助自己树立良好的口碑。口碑不再是企业通过单方面努力，仅仅用广告或营销可以形成的，更多的是用户通过亲身体验、自发反馈形成的。

用户从产品和服务中得到了怎样的消费体验，就会形成怎样的评价。这种评价经由数字化平台传播出去，自然而然形成了企业的口碑。好的口碑可以帮企业占有市场，坏的口碑则会让企业失去市场。

企业和用户是对应的，相互之间的重要性取决于彼此的不可替代性。然而，数字化时代让企业的不可替代性变得越来越小，反而是用户变得越来越重要。因此，数字化时代的企业必须要接受"用户为王"的现实，转变自己的经营思想。

▪▪▪▪ 数字化时代，企业要"挟用户以令诸侯"

按照商业模式的理论，用户被划为市场的一部分，然而数字化时代却不同，用户的面积要大于市场。只有用户主动连接到移动数字化之中才能被称为市场参与者，市场大小不是根据数字化的覆盖面积而衡量的，用户正是数字化为世界带来改变的切入点。因此，我们不必重点讨论数字化在未来将发展到哪种程度，而只需要明确一点：如果想要把握好数字化时代的商业市场，就需要把重点放在用户身上。只有扩大用户规模以及流量使用，才能够实现企业发展，这也是当代企业赢利的主要途径。

在数字化时代，用户的作用比任何时候都更明显。有用户，再小的企业也可以迅速崛起；没有用户，再大的企业也要关门歇业。尽管这个时代的各行各业都是"八仙过海，各显神通"，用各种各样的方式来吸引人们的注意力，想方设法让自己的企业和产品站到风口上，但是，这纷繁复杂的表现后面，全都是以用户为根本的。占领用户的企业才能成为最后的赢家。古代有"挟天子以令诸侯",现在则需要"挟用户以令诸侯"。

现在的跨界产品为什么可以做得比原来早就存在的产品还要出色、取得更大的成功呢?就是因为用户的关系。对企业来讲,用户才真的是上帝。拥有用户,什么大事都能够办成;没有用户,企业连生存都做不到。

怎样才是数字化时代企业的生存之道呢?放下身段,更换角色,以用户视角掌握用户的思维方式和消费习惯,分析企业每一个业务形态对用户的影响,进而为用户创造良好的体验。无论用什么方式,拥有海量用户,企业就成功了一半。而成功的另一半就是通过企业所能提供的一切体验将这些用户转化为忠诚的消费者。

▪▪▪▪▪ 数字化思维是用户需求驱动

数字化是新的技术加上资本而形成的一种改变的力量,这种力量创建出新的商业模式与思维。数字化是由用户、终端、应用、公司、收入和理念构成的生态圈,这个生态圈以数字化公司为主体,以用户思维为理念,通过产品满足用户需求和获取用户,获取大量用户后再转化用户价值获得收入。数字化公司形成改变的力量,创建新的商业模式,颠覆传统的公司。所以，数字化既是一种新技术，又是一种新商业模式，更是一种新的产品和企业的思维模式。从数字化诞生的那一天起，数字化思维就一直存在，它是推动数字化发展的核心因素。在国内，小米公司是将数字化思维提炼、总结、运用得最出色的公司之一。而在对数字化思维进行提炼、总结、运用的过程中，小米公司创始人雷军功不可没。

说到雷军，大家都并不陌生。他做过金山软件、金山毒霸、卓越网（亚马逊中国的前身）、金山游戏等产品，遗憾的是他所做的产品都被同类数字化公司的产品压制，可以说雷军是一个被数字化打败的人。也许雷军正是从失败中顿悟了数字化思维的精髓，在2010年创办了小米公司，并将数字化方法用于生产竞争激烈的传统工业级产品——手机（当然，现在小米公司已经发展成为典型的生态链公司）。短短几年时间，小米公司就取得了令人瞩目的成绩，并于2018年上市。

小米现象给整个数字化及传统企业带来的启发是：

第一，数字化公司之前忽略了数字化玩法（数字化思维），很多数字化公司产品和运营的思维反而是传统的；

第二，数字化公司的价值，不是按照销售额与利润来衡量的，而是按照拥有多少用户、拥有什么样的用户来计算的。

关于数字化思维的讨论很多，各有千秋。图10-1即是在小米公司经验基础上总结出来的数字化思维。

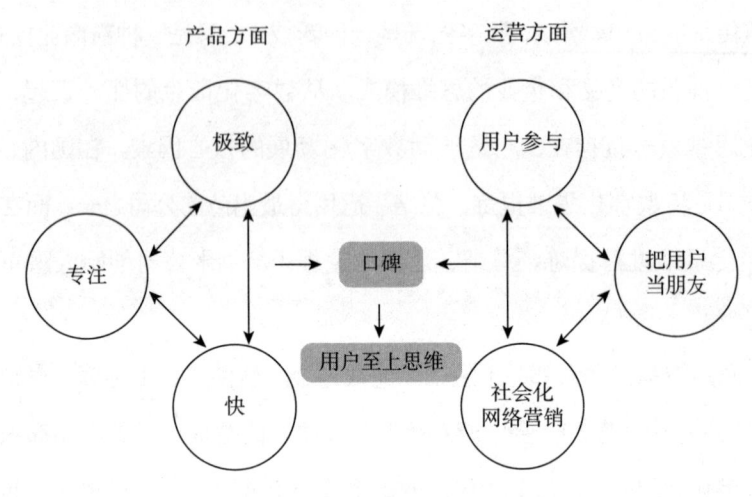

图 10-1　数字化思维

在产品方面，雷军提出了专注、极致、快；在运营方面，小米公司做到了用户参与、把用户当朋友、社会化网络营销。无论从产品方面看，还是从运营方面看，雷军和他的小米公司最终想做到的都是用户口碑，所以数字化思维就是用户至上思维，这也是数字化最核心的精髓。

在数字化时代，真正尊重用户，真正了解用户需求，并全力以赴满足用户需求，应该是所有企业和员工深入骨髓的精神。腾讯、字节跳动等优秀的数字化公司，从创建之初就秉持了用户思维，充分考虑如何满足用户需求，如何更多地取悦用户，再考虑后续的商业价值。这是因为，它们深深地明白：第一，数字化本身没有固定资产价值，只有用户是资产；第二，做数字化很容易，但做好很难，因为用户转移成本很低，随时可以离开；第三，数字化的竞争是满足用户需求的竞争，是用户体验的竞争，用户就是一切。

从总结数字化应用发展规律，到在小米公司经验基础上提炼数字化思维，再到各种创新产品越来越被用户接受，都证明了一件事——

数字化的最核心思维其实就是用户思维。发自内心地尊重用户，一切从用户需求出发，真正地了解用户需求，极致地满足用户需求，从而建立好的用户口碑，这就是数字化快速发展的精髓所在。所以，我们可以将数字化思维定义为：用户需求驱动。

▪ ▪ ▪ ▪ ▪ 专注：为用户提供极致的产品和服务

企业要想做出优秀的产品，就必须懂得专注的力量。具体来说，就是不需要面面俱到，只需要有一个理由，让人们甘愿选择你的产品。

说到专注，其定义并不难懂。所谓专注，就是指应该尽可能地少做事情，甚至可以仅仅做一件事，只要能够把这件事做好，你就有可能取得巨大的成功。企业如果总是想着搞多元化，生产很多产品，到头来就容易出现哪种产品都不出彩、缺乏竞争力的情况，进而导致自身深陷生存危机。全心全意地做一种产品，就可以把所有力量集中起来；将这种产品做好了，企业自然就活了。

无论做什么事情，专注都是专业的前提条件。在数字化时代，人们更多追求的是快速与极致，只有专注才能够做到这一点。不管什么类型、处于什么阶段的企业，只要可以专注到一个点上，将自己的产品做到极致，就可以赢得用户的喜爱，可以在激烈的市场竞争中获得更大的筹码。

专注是为了将事情做到极致,在一段时期内把全部力量集中起来,坚持不懈,就有可能实现重大突破。就拿刚刚起步的创业公司来说,专注思维关乎公司的生存大计。创业者手中的资金、人力、资源、渠道都极其有限,只有集中力量专注地"攻打"某个突破口,才有可能获得消费者的支持。而这个突破口就源自用户的需求。

事实上,用户的需求既是多元化的,又有主次大小、轻重缓急之分。哪家企业的产品能满足用户最重要、最急迫的需求,用户也会报之以李,成为其忠实用户。企业如果只是一味地随波逐流,缺乏专注思维,就无法真正看清用户需求的关键点,自然也就不能生产超出用户预期的极致产品。

与此同时,随着数字化的深入,商业格局已经逐渐从"渠道为王"转变为"产品为王"。在这样的大背景下,企业倘若不能生产出极致产品,就很难赢得用户的青睐。

为了赢得用户的支持,不少企业采取了多元化经营,其中就包含了不断推出新产品,以便满足不同用户的需求的意思,只是具体表现形式不同。有的新产品只不过是"新瓶装旧酒",换包装不换本质;有的新产品则是增加了许多复杂的新功能。

"新瓶装旧酒"属于典型的换汤不换药,满足的只是老用户的需求,在吸引新用户方面能够发挥的作用极其有限,甚至会因为换包装失去某些老用户。那么,对于新产品来说,是不是功能越多越好呢?对此,大家的答案并不一致。

曾经有业内人士吐槽,某款新产品为了迎合数字化产品的审美风格保留了许多"鸡肋"功能。结果,那些功能给很多用户造成了困扰:新功能不会用,或者根本用不上,产品的整体体验还变差了。一时间,差评一片。最后，产品经理痛下决心，大幅度削减了产品中的新功能（遗憾的是，它们在不少用户眼里就是"鸡肋"）。没想到，简化版产品反而获得了用户们的交口称赞。

这充分表明，开发太多的花哨功能不一定会契合用户需求，专注于简单的功能并将其做到极致，反而可能会让产品赢得用户的喜爱。

如何才能让专注思维发挥作用呢？有两个关键：一要牢牢锁定专注对象。专注对象不仅仅是某个点，而是产品从设计到销售的整个流程。集中注意力经营每一个环节，专注目标用户需求，紧紧围绕用户需求，将产品和服务完善到极致，才能获得用户的青睐。二要学会取舍，甚至放弃某些"鸡肋"功能/业务。贪大求全不会获得好处，企业要为用户提供极致的产品和服务，就要选择专精一门或几门业务。

企业要想做到专注，就需要全神贯注做自己最擅长的事。那些不怎么重要的业务，都应当大胆割舍。这在企业初创期容易实现。因为那时资金、人力、资源或是渠道等方面的短板让企业无法"广撒网"，只能集中全力开发单一市场。然而，企业发展壮大以后，就要面临更多的选择：是让企业用最快的速度扩张，还是让企业用稍微缓慢的速度逐渐成长？最擅长的业务早已成熟稳定，是否还要向其他领域进行延伸、扩展？是分出一部分心神去做多样化的业务，还是继续专注于主业？这些选择都对决策者的神经有着极强的考验。

有所为容易，有所不为很难。尤其是企业在一时发展顺利的情况下，很难轻易放弃。在企业的实际经营中，专注思维更多表现为选择不去做什么。众所周知，杰克·韦尔奇在担任通用电气 CEO 的时候创造了业绩奇迹，任职 20 年间使公司增值 30 多倍。可他任职初期接手的却是一个烂摊子。

据权威报道，杰克·韦尔奇在任职后的几年间，砍掉了25%的企业（通用电气是一家集团公司），削减了10多万份工作，将350个经营单位裁减合并成13个主要业务部门，卖掉了价值近100亿美元的资产。

要知道，通用电气并不是具有专一化战略传统的公司。刚好相反，它几乎称得上是全球最大的多元化经营战略实践者。即便如此，杰克·韦尔奇依然慎重地对待公司的经营发展，令通用电气能够保持对符合市场的既有业务的专注性。

专注是企业做好品牌的必然素质。要知道，哪怕是全球500强企业（其中不乏采取多元化战略的企业），也只能为一部分目标消费者服务。从这个意义上而言，多元化战略指导下的每个事业部或项目组，同样遵循着"专注出业绩"的黄金法则。

实际上，用户喜欢某个品牌，只有一个理由。比如，质量过硬、服务贴心、时常互动、信誉良好等。因此，企业在树立品牌的时候，应该紧紧围绕自身优势，专心赚取那部分属于自己的钱。俗话说得好，逐二兔者不得其一。因此，企业不管大小，都应该学会专注主要产品，专注目标消费群。

当代消费者的思维方式呈现出五大特征：一是只能接受非常有限的信息，剩余的信息会被无情舍弃；二是喜欢简单、易懂、易上手的产品，厌恶复杂烦琐的东西；三是缺乏安全感，会选择和周围人同样的消费习惯，以免花冤枉钱；四是对品牌形象的认知一旦确定，就不会轻易变化；五是想法容易偏离焦点，整个人容易被多样化的新产品吸引。

因此，企业需要明确市场和产品的定位，把产品和服务尽最大可能做到极致，专注维系自己的目标用户群体，如此才能避免在激烈的市场竞争中迷失方向。这也是企业在数字化时代的生存之道。

▪ ▪ ▪ ▪ 微创新：以改善用户体验为出发点

曾几何时，山寨文化让不少企业为之头痛不已。有人刚刚推出新事物，没过几天立马就有一群人跟风。结果产品雷同率非常高，市场竞争趋于同质化。缺乏个性特点的产品，在当今时代是很难受到消费者青睐的。因此，有远见的大小企业都在千方百计地进行创新。

数字化令知识更新的速度呈现爆炸式增长，但随着知识体系的专业化和复杂化，类似于工业革命那样的根本性创新变得愈加困难。或许你想破脑袋做出了一样"新"的东西，结果在数字化平台上一搜，却发现类似的创意早在多年前就已经出现了。

数字化时代，领跑者可谓是"赢家通吃"，跟风者的收益通常随着先后顺序依次递减。因此，要赚钱就需要动脑筋走在前面。不过，革命性创新很难做，从小处着眼，朝微创新的方面努力却并不难，只要愿意花费一些时间和精力去琢磨就行。广大网友在网络平台或社区所做的微创新尝试，尽管大部分是为了娱乐消遣，也从侧面证明了微创新存在潜在的巨大商业价值。微创新，为企业在数字化时代赢得用户的心提供了一条有效途径。成本低廉的微创新，能让消费者获得更好的用户体验，为企业带来差异化竞争优势。

微创新不仅具备以小博大的效益，而且能有效降低企业创新的风险。由于成本低廉，技术轻便简单，就算微创新失败了，企业付出的代价也比较小。尤其是刚创业不久的公司，不管资金、人力或是渠道都无法与老牌大公司相提并论，所以更应当采取简约思维，集中力量进行微创新。

数字经济的微创新主要有两大指导思想：从小处着眼，让产品更加契合用户的心理需求；快速创造，不断试错，成功之前不要轻易停下。

以用户为中心是培养数字化思维的关键所在。用户思维和简约思维交织在一起，就是微创新产生的土壤。在这个信息泛滥的年代，消费者的审美日益从繁华风格回归到简约主义。简约并非意味着简单，更不是简陋，用一句老话来概括就是："好钢要用在刀刃上！"企业在设计产品的时候，需要准确把握用户的心理需求，尤其是要找出那些能对用户的内心体验发挥巨大影响的细节。

这是一个用户体验至上的时代，许许多多的创意都需要靠用户来驱动。过去用户购物大多数是被动选择，但数字化与网络社区的出现，让用户能够更充分地表达自己的需求和感受。产品研发人员和用户看问题的出发角度不同。研发人员常常会追求技术上的新潮，让产品尽可能做到面面俱到、完美无缺；而用户大多时候更关注产品使用起来是否足够简单、便捷。产品如果只是功能齐全、高端大气上档次，却有极其复杂的操作流程，也会让用户感到烦不胜烦。所以，企业如果闭门造车的话，是很难做出使用户心灵触动的极致产品的。企业应该转变传统观念，创新应以改善用户体验作为立足点，而不仅仅是从企业的角度思考。企业在做微创新的时候，最好先清空自己的头脑，暂时忘掉技术和以往的成功经验，重新站到用户的角度来思考问题，以用户体验的满意度为前提条件。

不要看不起微创新的力量。那些契合用户心理需求的微创新，能够直击用户的心灵。通常情况下，小小的改变就可能带来全新的感觉。从这个意义上分析，微创新事实上并不微小，甚至很可能会释放出开拓市场的巨大能量。因此，企业在进行微创新的时候，不要贪大求全，总是想着创造一个其他企业无法超越的新东西，而要从小处着眼，从点点滴滴中进行改进。微创新不一定意味着技术上的突破。只要能让用户在使用产品时获得更便捷、更划算的体验，就应当归属于成功的微创新之列。

微创新最重要的理念转变是：把过去自上而下、由内到外的创新模式转变为自下而上、由外到内的创新模式。在数字化时代，用户既是意见反馈者，又是创意提供者。用户在阐述自己的需求时，通常也会带出一些微小的创意。360公司创始人周鸿祎一针见血地指出："微创新，人人都是产品顾问。"微创新不需要专利实验室和资深专家。企业的每一位员工及产品的每一位用户，都有可能成为微创新的发起者。

不管是百年名牌老店，还是新成立的小微企业，只要用心观察用户的体验需求，就都可以找到微创新的机会。与此同时，由于微创新的成本和风险非常低，一般企业都能支付得起失败的学费，因此企业可以连续出招，多次试错，直到找出最适合自己的道路。接下来，企业就可以专注于一点，将微创新的成果做到极致，打造出让用户尖叫的产品与服务。

凡事有利就有弊。微创新简单、易行、成本低，也意味着被"山寨"

的难度系数变得更小。因此，微创新比那些技术含量高的大创新更容易被竞争对手抄袭仿效。这样一来，微创新带来的差异化优势，又会快速被无数跟风者的同质化竞争淹没。因此，企业应该树立常备不懈的创新意识，不断快速研发全新的微创新，不断地给用户制造最新的美好体验，通过在微创新领域持续发力来确保企业的差异化优势。

那么，如何才能做到源源不断地产生微创新呢？多吸收一线员工的点子，微创新自然就变得容易了。举个例子。比如，正值就餐高峰，由于生意红火，某餐饮品牌各个门店门前都聚集着许多排队等位的消费者。等位是件特别消耗耐心的事情，现在的消费者喜欢到店即可就餐。许多消费者会因不耐烦漫长的等位而放弃消费。为了解决这一问题，该餐饮品牌请消费者在等位的时候顺便比赛折纸鹤。消费者每折一只纸鹤，本次消费就可以少收1元钱；折得越多，省得越多。一听还有这样的消费优惠，等位的消费者纷纷折起纸鹤来。这样一来，等位的时间就在不知不觉中缩短了。

由这个例子，我们不难看出，企业基层的一线员工直接与用户打交道，最清楚用户对产品及服务的意见，特别是用户体验在哪方面存在不足。一线员工天天活在"地气"中，所以容易提出最"接地气"的微创新点子。

微创新成本小、效率高、门槛低、研发周期短，堪称大中小企业都能使用的有力武器。不具备过硬科研能力的企业，特别是初创企业，不妨多像上面例子中的餐饮品牌那样在微创新上下功夫。很多时候，从小处着眼，未必不能达到事半功倍的效果。

■■■■ 用数字化思维实现用户至上

数字化时代已经不再是众人争抢"食物"的年代了，我们要做的只有一点，那就是如何让"食物"自愿、主动并怀着愉悦的心情"走"到用户口中。要做到这一点，就必须做到用户至上。具体来说，就是用数字化思维实现用户至上。这才是企业发展的王道。

满足与用户的三大联系，企业才能获利

如今，用户互联化的生活有很大一部分归功于当代企业的发展。企业与用户之间的联系主要体现在三个方面——用户体验、企业黏性以及数字化连接程度。这三大联系不仅是当今数字化市场用户互联化的主要体现，还是企业构建完整商业模式的基础。只有同时满足这三大联系，企业才能够获利。

1. 提升用户体验

对于企业而言，用户体验非常重要，往往大多数获利都是建立在良好的用户体验之上的。这与传统商业模式中的市场口碑有着异曲同工之妙。放眼望去，当今成功的大型企业，哪一家不是建立在良好的用户体验之上的？只有为用户带来了便利、乐趣，他们才会与企业通过数字化平台进行长时间连接。

因此，只有体验提升了，用户才愿意进入数字化市场，才会改变对产品的价值观，从而愿意为企业带来利润。这与传统的商业模式市场策略存在重要的差别。传统商业模式市场策略中，体验程度比较少，大多是依靠产品对用户带来的第一直观感觉来吸引客户，而数字化时代不同，产品不仅要看着好，还要用着好、感觉好，这样用户才乐意与企业互联，企业才能够获利。

2. 提升企业黏性

企业黏性与产品黏性不同。数字化时代不仅要有优秀的产品、良好的售后，还要有优质的互联方式。数字化企业最大的特点就是企业为消费者带来的独特方式，不仅包括产品的用户体验，还包括企业独有的特点。

当今，任何企业想要具备特有的企业黏性就需要遵循用户互联化的原则，从这一基础出发思考如何基于数字化打造独特的优势，而不是单纯的模仿。虽然模仿可以为企业带来利润，但是却无法增加企业黏性。今日的市场是广阔的，即便竞争激烈，也是建立在大部分人获利的前提下的。数字化市场发展完善后，发展速度必然减缓，企业如果还依靠单纯的模式、单纯的复制，是无法生存的。因此，这个时代企业需要站在用户互联化的角度思考问题，并沿着这个思想规划发展路线。只有确保了这种原则、这种黏性，企业才能在未来的市场中生存。

3. 提升数字化连接程度

数字化商业模式中的数字化连接程度，并不是单纯地指企业与用户之间的连线程度，而是指企业与用户之间的一种共同意向，这与信号好坏、数字化覆盖面积无关。双方愿意主动利用数字化平台进行连接，并且习惯用这种方式进行互动。

数字化时代，很多商业行为都是在互动中产生的。只有建立了深度的数字化连接，企业才会在用户身上获利，而且保持长时间获利。

以腾讯公司为例。目前，全国有超过半数的数字化用户正在使用腾讯公司的各种产品，而且是主动使用，不存在被动连接的情况。这种情况代表的是企业与用户之间良好的数字化连接程度，也是用户互联化的重要体现。这些用户中大部分人是和腾讯公司通过商业活动产生过互动的。这种企业数字化程度是其他企业无法比拟的，也是它们十分向往的。

同理，在这个时代中，我们要想在数字化市场获得利益，仅仅凭借使用数字化是不够的，构建身后的用户数字化连接是必经之路。当今时代，企业要获利就要找到用户，而不再是盲目地拿着产品到处推销。

如何满足与用户的三大联系

1. 至上：真正以用户为中心

心理学家唐纳德·诺曼在《设计心理学》中说："去抱怨机器和它们的设计者吧，是机器和它们的设计者出了问题。责任在于机器和设计机器满足使用者要求的人。了解专横的、无法理解的设备操作指南不是用户的责任。"

用户在数字化时代扮演了重要的角色。数字化时代的用户通常具有以下特征：第一，用户是没有错的；第二，用户是很忙、很没有耐心的人；第三，用户远比想象中聪明。

数字化要以用户为中心不断进行创新变革，重塑企业价值链，这一过程涉及商业模式设计、产品线设计、产品开发、品牌定位、业务拓展、售后服务等企业经营的所有环节。以用户为中心，就是把对用户内心诉求的洞察融入到产品设计中，并以用户体验的方式进行营销推广，从而激发出用户内心诉求与产品功能的共鸣。

2. 造景：创造用户体验营销

人总是不间断地追求舒适生活，希望生活变得更加便利快捷，希望花费最少的时间与精力达成自己的心愿。比如，突然想要喝咖啡，恨不得星巴克马上就送到家；每次吃完饭结账，恨不得立马就能支付；希望出门时已有车辆等在门口；希望足不出户就了解超市的促销信息。数字化在为人们带来更多便捷的同时，也让人们变得更加急躁、懒惰；变得追求快速变现，只是注重结果而不重视过程；变得注意力高度不集中，越来越难以捉摸。企业要为这样一个群体服务，就需要制造让他们感动的场景，造景就是体验的最高境界。

为何场景在数字化时代变得非常重要？因为在数字化时代到来之前，场景是以时代特定、空间隔断的固定场景（现实场景）为主的。随着数字化时代的到来，场景打破了时空的限制，使得物质空间与信息空间通过数字技术进行了相互连接、切换与融合，进而实现了人—机—物的互动交流。智慧连接、社群文化和大数据已成为数字化时代场景赋能的三个要件。

无论是时代赋予场景的新特性，还是用户对便利的更多追求，都要求企业能够颠覆传统，通过场景设计数字化产品，进而为用户提供引发尖叫的应用感受。那么，企业该如何进行场景设计呢？

"用户为王"是场景设计的基础。具体来说，场景设计要注意以下因素：一是一切从用户的角度思考，二是时刻了解用户的心理价位，三是时刻牢记"为用户节约每一分钱"，四是为用户多做一点事，五是问用户还有什么困难。

在数字化时代，用户更需要一个个小而美的、体验极致的、鲜活的、及时的、可以互动的、可以打动他的、能够促使其毫不犹豫地去朋友圈分享的产品应用场景。

只有用户喜欢的产品，才能给企业带来价值。那么，企业如何做好场景设计或者说场景体验呢？

（1）分清传统营销与体验营销。

传统营销与体验营销的区别主要体现在以下几个方面。

①方向不同。

传统营销重在汇聚产品功能，满足消费者的物质需求；体验营销则将关注重点放在了顾客的体验感知与认同上，通过安排情景、事件以及设计相关的体验活动，让顾客得到有价值的体验，从而使企业获取利益。

②对目标消费者的假设不同。

传统营销假设目标消费者是理性的，他们的购买决策取决于产品或服务的性价比；而体验营销假设目标消费者既理性又感性，重视价值体验，通过体验感受价值。

③营业场所认定不同。

传统营销认定营业场所是交易完成的场所，交易场所的多少决定了销量的大小；而体验营销认定营业场所只是互动场所，是体验的一个组成部分，这部分体验完成后，交易场所既可以在线上，又可以在线下，实现O2O。

④对促销的认识不同。

传统营销认为促销是通过扩大宣传渠道，只要增加消费者对产品和服务的认知，就可以增大销量；而体验营销认为口碑是最重要的促销力量，重视消费者每次体验的过程。

明白了以上区别，企业管理者就要彻底颠覆传统观念，用体验营销的思想来充实头脑，指挥行动。

（2）谨防体验营销的五大短板。

在我国，很多企业都会采取开设营业厅等方式为用户提供服务。其中，有些营业厅或驿站出于所属行业的原因，总会存在这样或那样的短板，使得用户的体验变得很差。这些短板主要包括以下几种。

①观念短板。

一些营业厅或驿站的管理者对于数字化时代缺乏认识，没有自觉用数字化思维武装自己为用户分忧，只愿意在环境布局上花心思。

②能力短板。

很多时候，营业厅或驿站的营业额并不难看，并非营业员工作出色，而是相关行业政策太优惠。

③流程短板。

营业员对体验营销的认识太浅显，在工作上无法协同，只是一个个的独立体，不是团队，从而导致服务质量下降。

④考核短板。

传统的服务质量检测标准没有及时更新，不能适应营业厅或驿站的体验特点，给员工带来较大的负面行为导向。

⑤管理短板。

营业厅或驿站的岗位设计、岗位职能、岗位协同等均不明确，也没有出台完全与之对应的管理办法和指导意见。管理者虽然忙忙碌碌，却又无所适从。

（3）关于体验营销的五大建议。

①明确体验目标。

在体验活动之前，要有一个明确目标，有粗略的规划和预算，明确企业在体验营销上要达到何种预期效果，以此为基础展开体验活动。体验目标的设定对于体验活动能否达到预期的效果十分重要。苹果公司之所以成功，就是因为它将用户体验发挥到了极致。企业应注重与用户之间的沟通，发掘他们内心的渴望，站在用户体验的角度审视自己的产品和服务。换言之，创造有效的体验价值，关键就在于一定要获得用户情感上的共鸣。

②设定体验环境。

企业要从目标用户的角度出发，为其提供独特且难忘的消费体验，帮助消费者找出潜在的心理需求，激发消费者的购买欲望。这就要求营销人员确定产品的卖点，使消费者体验后能够直接对产品进行判断。企业不仅要通过各种手段和途径（娱乐、店面、人员等）来创造一种综合效应以增加消费者对产品及企业品牌的体验，还要跟随消费流行趋势思考消费者所表达的内心渴望的价值观和意义。

③有明确主题。

消费者不仅是理性的，更是感性的。消费是一种整体体验，功能价值不是唯一的，消费者要的是娱乐、刺激、受教育、被打动和有新意的挑战，消费体验常常是为了追求幻想、感觉和乐趣。这些"体验"和"主题"并非随意出现，而是体验式营销人员精心设计出来的。

④有效果评估。

体验营销中还要对活动前期、中期及后期的体验效果进行评估。通过对活动的审查和判断，企业可以了解体验活动的执行情况，并根据评估结果重新修正运作的方式与流程，对体验式的营销活动进行更好的控制。

⑤体验营销活动除了要突出以用户为中心的基本思想，充分体现用户至上的原则外，还要做到体验传播的内容与体验的主题相一致，并注意加强对成本的控制。

（4）体验：让用户自己说好。

一个商家，一会儿抓产品的生产，一会儿抓产品的销售，是做不出真正的匠品的。商家必须要明白，用户对产品和服务超预期的体验是新商业最重要的活力源泉。

一种产品要带给用户好的体验效果，必须满足四个要素：内容性、功能性、可用性和情感性。这四个要素是依次提升的，从基础的内容性到高级的情感性，完整地支撑了产品体验的方方面面。

需要注意的是，当底层要素尚不完善时，切不能急于去做高层要素，否则产品就像空中楼阁，基础空虚之下体验水平是支撑不起来的。这也是很多产品在打造用户体验时失败的原因。下面我们不妨一起来看一下产品体验设计的四要素。

①有用——内容性。

内容性是指一种产品在基本呈现物上的价值。用户会通过观察、阅读等方式获知产品的基础信息，可以说，内容性要素的好坏直接关乎用户是否愿意用产品。

内容性具体包括两个方面：一是内容有价，二是内容准确。

"内容有价"指的是产品所承载的内容对于用户来说是有价值的，这一点对于信息服务类产品尤为重要。举个例子，在百度知道已经应用非常广泛的情况下，作为知识分享平台的知乎仍然能够"杀出一条血路",就是因为知乎上面的信息对于用户来说是有价值的,且其专业性的深度往往要高于百度知道。

"内容准确"指的是产品的内容表述无歧义,能够让用户充分理解。它主要体现在产品的操作标题、蕴含的介绍,还有各种操作按钮的文字、按键名称、提示、注意事项标注,甚至说明书等中。

内容性就像产品的基因,如果人们从中看不到有用的、正确的信息,那么这种产品就失去了基本的存在价值。内容的校准与优化,则是提升产品体验最简单有效的方法。

②能用——功能性。

功能性是指围绕用户的目标合理规划产品的功能。功能是产品能够正确处理业务的基础。

在用户体验的范畴里,产品的功能性已经被划分为两种类型:一种叫硬性功能,一种叫软性功能。

所谓硬性功能,就是这种产品要完成基本使命必须具备的能力,例如手机能打电话,汽车能开能跑,搜索引擎能查询信息。而软性功能,就是在硬性功能基础上,为了更好地适应用户需要所创造出来的增强功能,例如汽车里的收音机功能,搜索引擎的收藏、推荐、分享等功能。

硬性功能与软性功能有个很简单的区别办法:去掉后,会造成产品失效、无法正常工作的就是硬性功能,其他剩下的都是软性功能。硬性功能解决的是"有和无",软性功能解决的是"好与坏"。软性功能就是用户体验工作的重点。

产品的功能设定绝对是一门艺术,多了重点不突出,少了用户又觉得不适用。比如,一款厨房里的实木菜板,个头不小,在产品设计上花了不少功夫,不仅考虑了如何在路途上携带,还考虑到了如何在户外使用。这些功能看起来似乎很亲民，但仔细想想，我们就会发现，这类实木菜板一年四季都得待在厨房，其他功能就成了画蛇添足，失去了存在的意义了。所以，要做好功能的设定，还是必须得聚焦到用户的使用场景上。

在营造极致的产品体验时，产品功能性上必须保证：一要功能有用，二要亮点突出。

"功能有用"是指产品在硬性功能完善的情况下，还具备用户所需的软性功能集合。软性功能的设定需在洞察用户之后才能设计出来，产品经理的使命往往就在解决这个问题。

"亮点突出"是指在设计功能组合的同时，围绕着功能的某一属性，有合理的功能阵列，还要能够突出亮点。一个出色的亮点功能设计，往往会给用户留下最深刻的印象，甚至成为产品在营销传播中的体验标识。千万个功能都不如被人一眼就识别的那个，所以亮点功能的设定对产品来说尤为重要。

在实际产品功能设计时，切记把握好以下几个原则：一是功能设计围绕用户场景来设计；二是功能上的超级亮点以一到两个为宜，不宜过多。

③易用——可用性。

可用性指的是产品对用户来说有效、易学、高效、好记、少错误和令人满意的程度，即用户能否用产品完成他的任务，效率如何，主观感受怎样，具体包括：可学习性、使用效率、可记忆性、出错控制、可访问性。

④爱用——情感性。

情感性指用户在使用产品过程中可以实现的感性体验。情感性是体验设计四要素中的最高层级。前三个层级的体验要素主要解决了用户的满意度问题，情感性则解决了用户惊喜的问题，它的维度有三个：品牌关联、愉悦度、探索性。

一是品牌关联。

产品传达给用户的整体感受，一定要和品牌定位一致。产品体验最终是为市场服务的，而市场的所有表现中品牌最为重要。体验也是有定位的，体验定位就来自品牌，与品牌一致的体验是塑造品牌的有效手段。

二是愉悦度。

愉悦度指的是产品能够给用户带来某种情感上的满足，让用户在功能满意的基础上，获得更高层次的享受。能够实现愉悦度的方式有很多种，如快乐、惊喜、酷、爽、漂亮、可爱、温馨，等等。这就好比我们评价一个看起来不错的产品，往往会说："好酷！"这是一种很主观的感受，而这种感受会在用户心里建立起来一种情绪，也许是开心，也许是震惊，也许是温情……总之，让用户使用完产品后，还能够在心里惦记。

制造愉悦度的方式有很多，最简单的方法是将产品拟人化。比如，在招商银行微信服务号中，招行就自称为"小招"，而不是从前那种古板的"招行客户服务中心"，打破了从前冰冷的产品感觉，让人觉得亲切，觉得有趣，就能为用户制造很多愉悦的机会。

我们常说的界面图形设计工作，主要提升的也是愉悦度。它让数字产品拥有了美好的视觉效果，让使用者赏心悦目。

不过，需要指出的是，愉悦度的体验必须符合社会大众的审美和价值观，否则以制造噱头的方式来营造愉悦度的体验，带来的很可能就是一场悲剧。

三是探索性。

探索性是指用户在使用产品的过程中，能够通过研究获得新的使用方式或者发现新的功能点来提升兴趣和成就感。这个原则建立先要满足大多数用户对基本功能的要求，然后再兼顾一些人的探索欲望。其实，用户不是怕复杂，而是怕无谓的复杂。有时候，给用户一些逐步深入的机会，对他们来说反而更有吸引力。

在用户体验战略下，产品只有围绕以上四个要素进行设计，才能给用户带去卓越的体验。对于一些正处于转型或者升级阶段的产品，企业也可以依照上述四要素查漏补缺，逐一去完善，将产品体验逐步夯实。

（5）迭代：跟上用户的步伐。

用户需要时时刻刻都在发生着变化。今天，用户也许对该款产品的某个功能有需要，明天也许就觉得这个功能过时了、不合适了。除了需求变化多样，用户对产品功能的要求也越来越多。产品的基本功能已经不能满足他们，他们需要更多、更好玩、更个性的功能。因此，企业如果想要抓住用户，就要让自己的产品跟上他们的步伐，而跟上他们步伐的唯一办法就是不断地对产品进行迭代更新。

那么，如何让产品跟上用户步伐呢？要做到以下几点。

第一，时时都有新改变，但不能改变大方向。

如今，不少数字化产品为了迎合用户的需要，每周甚至每天都会对产品进行更新。但企业在更新迭代时要记住一点——迭代更新是为了满足用户的需要，修改前一版本的缺憾，而不是改变产品的整个发展方向。

第二，唯快不破，快速对用户的需求做出反应。

那些成功的新兴企业之所以能成功，就是因为它们能够及时地对用户的评价、建议、需求做出快速的反应。因此，企业想要获取用户的心，就需要"快速"。企业可以通过微信、微博、官网、论坛等平台对用户的反馈信息进行收集和分析，以便做出更快的反应和应对。

第三，掌握先机，有新版产品就要及时推出。

数字化时代，行业变化日新月异，非常讲究速度。谁能抢先一步推出新版产品，谁就能掌握先机。因此，企业如果有新版产品就要及时推出，千万不能讲究"十年磨一剑"的原则。产品有缺点不要紧，有缺点可以在下一个版本中弥补，最重要的是要掌握先机。用户或多或少都会有先入为主的观念，哪家企业的产品先进入用户的眼里，用户往往就会选择谁，并觉得第一款产品是最好的。

（6）参与：加强与用户之间的沟通。

数字化时代是用户和企业经常保持互动的时代，让大家都参与进来是提高用户对企业认同感的绝佳方法。要让用户参与生产，一般有两种方式：一种是让他们根据自己的需求，向企业提出要求，定制自己需要的个性化产品；另一种是当产品生产出来以后，让用户去进行优化，企业根据他们的投票改进产品的功能。

小米公司创始人雷军说："小米销售的是参与感，这才是小米秘密背后的真正秘密。"亚马逊在开董事会的时候，总会摆出一把空椅子，这把椅子就是他们给用户留的位置。在他们看来，用户是董事会不可或缺的成员，所以开会的时候一定要让用户参与到决策之中。

在数字化时代，仅仅拥有会员是远远不够的，企业需要的是天使用户。忠实的天使用户才能够支撑企业进行快速生长。怎样才可以拥有众多天使用户呢？方法就是兜售参与感，这是最能够体现用户思维的东西。

在赋予用户参与感方面，小米公司做得非常棒。它的联合创始人黎万强还专门创作了《参与感》一书[①]。在书中，黎万强总结了小米打造粉丝效应的几条经验。

第一，要让用户获益，吐槽也是一种参与。

第二，让员工成为粉丝，让丈母娘用好自己的产品。

第三，专注于发烧友用户。

第四，粉丝的参与也是"台风"，"因为米粉，所以小米"。

第五，粉丝效应无法策划，是用户无意识的结果。

第六，把公司的庆典定义为一年一度的"米粉节"。

第七，邀请粉丝参与"年度盛典"，让小粉丝成为"大明星"。

从小米公司的粉丝经济中，我们可以看出，无论是前期调研、产品开发、改进互动，还是后期的口碑评价，小米公司都已经将消费者变成了产品体验的用户，用户又转化成忠诚的粉丝，粉丝又变成了小米公司品牌打造的参与伙伴。"数字化+"下的消费者思维必然历经四次演变：消费者思维—用户思维—粉丝思维—参与者思维。消费者思维的四个阶段，小米公司都经历了。俗话说，"得人心者得天下"，小米俘获了消费者的心，成功也就成了必然。

（7）专注：让用户尖叫起来。

"专心做出让用户尖叫的产品"——这是小米公司最核心的经营理念之一，也是数字化时代的法则。

---

① 该书全名为《参与感：小米口碑营销内部手册》。

所谓"让用户尖叫的产品",就是指超出用户预期的产品。只有为用户提供超出预期的使用体验,才能赢得"尖叫"这一用户口碑。而要做到这一点,企业就必须保持专注力,追求产品的精益求精,把简约思维发挥到极致。

众所周知,瑞士是有名的钟表王国。从 20 世纪初开始,瑞士就是全球钟表行业的领跑者。这种市场格局在 20 世纪六七十年代发生了巨大的改变,因为日本钟表强势崛起了。瑞士钟表质量优良,设计出色,但人工成本高,价格昂贵。相对来说,日本钟表虽然不那么高端大气上档次,但质量已经足够满足大部分消费者的需求,而且价格便宜。更重要的是,日本人开发的电子表对传统机械表市场形成了强烈的冲击。

那么,瑞士怎样做才能摆脱窘境呢?有人提议瑞士钟表行采取贴牌战略。这也是当时不少欧美国家为了降低人工成本采取的常见举措。当时的日本刚刚成为世界工厂,包括汽车在内的许多产业都向那里转移。生产工作外包给日本,品牌还是瑞士的品牌,赚差价,经济上还是挺划算的。

然而,瑞士钟表匠的刻板、固执与他们制作的钟表一样出名。瑞士人的对策不是别的,正是打造"让用户尖叫的产品"。几百年积累的钟表工艺与世界上最优秀的钟表匠,让瑞士钟表行业可以研制出令竞争对手难以企及的精品。因此,瑞士钟表匠们发挥技术优势,把钟表做得更加极致。

他们经过反复研究,把钟表的 300 个零部件简化为 100 个。这样一来,工本大大降低,生产效率也有所提高。日本钟表虽然比瑞士钟表价格低,但质量与档次毕竟不如瑞士钟表过硬,而电子表也并未全面取代机械表。所以,瑞士依然保持了全球钟表行业的领军地位。

瑞士人抵制住了贴牌战略的诱惑,是其成功的关键因素。赚差价的贴牌战略虽然能节省人工与资源,但时间一长,被贴牌国家会在产业链完善之后另起炉灶。到那时,贴牌国家的生产线早已转移到海外,很难凭借制造技术夺回市场。瑞士人拒绝把产业转移到日本,不光是为了维护"钟表王国"的尊严,也是预见到了贴牌战略在未来的隐患。

这件陈年往事给我们上了生动的一课。当竞争对手的产品质量过关又价格便宜时,除了降低工本、减价促销外,把产品做到极致也是个有效的办法。当产品大大超出用户的预期,具有竞争对手无法模仿的特色时,企业将获得更多成功的机会。

企业要想打造出让用户尖叫的产品,必须把握好以下四个要点。

其一,准确把握用户需求。

用户最头痛、最渴望解决的问题,用户觉得别扭却无处着力的地方,用户感到开心、痛快的兴奋点,这些都是用户需求的重要组成部分。企业只有准确把握用户的这三类需求,才能生产出超过用户预期的产品。

比如,瑞士钟表并没有跟着日本钟表的节奏跑,而是坚持了精工高端的路线。瑞士人很清楚,自己不可能垄断所有的钟表市场,于是放弃了全面竞争市场,转而集中力量维护并开发高端市场。无论日本在中低端市场如何顺风顺水,都难以满足高端消费者挑剔的市场需求。正因为准确把握了高端消费者的需要,瑞士钟表匠才成功捍卫了"钟表王国"的口碑。

其二,逼出自己的潜力。

想做出让用户尖叫的产品,就必须把浑身的潜力逼出来。只有把自己"逼疯",才能把对手"逼死"。"逼疯"自己是种夸张的说法,其本意是用完美主义精神强迫自己不断精益求精。现在的用户胃口挑剔,内心敏感,因此，想为用户提供超过预期的产品和服务，就得比用户更加挑剔，挑剔到让自己"疯"掉，然后以背水一战的气概逼自己闯出一条新路子。

比如，小米公司对产品设计有三个标准：加正值、不加不减、加负值。"加正值"是指该项设计具有存在的必要性，"不加不减"是指该项设计可有可无，"加负值"是指该项设计会产生副作用。小米公司追求的极致就是把每个工具都调试到最优化，不仅要清除所有"加负值"，连"不加不减"的设计也毫不留情地抹去。逼自己用比消费者需求更高的标准来设计产品，这就是小米公司能把产品做到极致，赢得广大"米粉"的秘诀。

其三，盯紧管理工作。

设计上的高标准，必然导致对管理的高要求，因为精益求精路线要求每个环节都不能松懈。但人毕竟不是机器，难免会有松懈。如果管理松弛的话，不仅没法逼出自己的潜力，也很难持续保证设计、生产、服务的高质量。

产品研发设计通常由产品经理来盯。在数字化时代，企业最高领导者本身往往就是公司的头号产品经理。例如，360公司创始人周鸿祎就自称"360公司首席用户体验官"。腾讯公司创始人马化腾和小米公司创始人雷军也是如此。数字化企业领导者应当具有产品经理的头脑，这样才能抓准用户需求，并想出超过用户预期的创意。此外，企业还应该注意培养和选拔产品经理，以保障研发团队能贯彻"打造让用户尖叫的产品"的理念。

其四，要敢于颠覆惯性思维。

"毁三观""刷新三观"是数字化平台上非常流行的词语。其本意是颠覆了人们对某人、某事、某物的固有认识。需要注意的是，这里的

"毁三观"，并不是真要捣毁用户的世界观、价值观、人生观，突破道德与法律的底线，而是要求产品和服务能颠覆用户的惯性思维。想让用户尖叫吗？那就做他们没想到的事吧！

那些年杀毒软件行业顺风顺水，各大企业纷纷采用收费模式。360公司却反其道而行之，推出了免费服务。此举引发了整个杀毒软件行业的大洗牌。360安全卫士与360杀毒的正版软件可以免费下载，而且操作设计简明易懂，深受广大网友欢迎。尝到甜头的360公司在此后不断"毁三观"，处处挑战人们的惯性思维，终于发展成了中国数字化产业的一大巨头。

但是，不是每个"毁三观"的举措都能获得成功。有的企业误以为"毁三观"只是用营销手段不断挑战用户的猎奇底线，到头来，噱头是炒热了，但产品与服务本身却没有升级，这样根本无法让用户尖叫。其实，360公司的"毁三观"，是立足于不停地创新和微创新，通过把产品做到极致来颠覆用户的惯性思维。

数字化思维的核心是口碑，口碑来源于让用户尖叫的产品和服务。想要打造出让用户尖叫的产品和服务，就得从生产设计到管理运营都贯彻精益求精的极致精神。卓越的产品解决了用户的需求，甚至实现了用户自己都没有意识到的潜在需求，故而能给予他们极致的体验。

产品不仅仅是功能载体，更是一个具有高度传播价值的天然媒体。能给予用户极致体验的产品，最能发挥其隐藏的媒体属性。换句话说，在数字化时代，好产品自己会说话，而前提是产品必须能让用户"尖叫"。同时，我们要明白，新商业时代，"传播匠品、连接匠人、弘扬匠心"是非常重要的一件事！

（8）颠覆：让用户觉得过瘾。

新事物、新产品总能给人带来震撼力和冲击力。iPhone 颠覆了诺基亚手机，创造了智能手机的新时代；微信颠覆了通信领域，给用户带来了全新的通信享受；支付宝颠覆了金融行业，对传统银行造成了巨大冲击。一桩桩、一件件的现实案例，让我们感受到了颠覆的巨大力量。颠覆是无处不在的，也许只是一个微小的创新，也许只是企业一个微小的变化，却能引发让用户觉得异常过瘾的大爆炸。那么，企业如何才能做到产品颠覆，让用户觉得过瘾呢？

第一，从跨界开始。

颠覆，可以从跨界开始。跨界能激发出新火花，给用户带来新鲜感。国内有不少人把跨界当作救命稻草，从科技业到金融业，然后到房地产业，几乎每个行业都有人在跨界。确实，掌握好方法，跨界跨得好，企业将能获得前所未有的成功。

第二，改变自己。

想要颠覆成功，就要从改变自己开始，从自身的产业结构进行改变和颠覆。一家企业的产业结构决定了其发展方向，如果不做出改变，墨守成规，还如何颠覆他人？

第三，要打破传统。

颠覆，就要打破传统，把人们认为理所应当的东西打破，赋予用户一种新的思想。在传统商业时代，免费模式对他们来说就是"送人钱的傻子模式"；但随着数字化时代的来临，数字化企业利用免费模式实现赢利的现实，颠覆了他们这种传统思想。

（9）引导：培养用户习惯。

用户习惯一直是很多数字化创业者的定心丸，是他们梦寐以求想要获得的东西。因为一旦用户习惯养成了，创业公司赖以生存的东西就有了保证。

其一，用户习惯是多方面因素形成的。

很多创业者都存在一定的误区，认为用户习惯只是他们购买产品时的习惯。实际上，用户习惯是很多因素共同作用的产物，若只关注单方面，就无法完全了解用户。

习惯的形成与其生活经历有很大关系，年龄、收入、文化背景、价值观等方面不同的人，表现出的行为差别很大，因此先要对社群中的用户进行分类。企业所掌握的信息，能够帮助企业分析出用户可能会出现的习惯，再尝试性地进行消息推送，根据用户的反应修改营销方案。

其二，顺应用户的习惯是第一要务。

企业要想留住衣食父母，就得先顺应用户的习惯，不要异想天开地认为自己有把握改变用户。尽管存在这种可能，但在为用户服务的社群成立初期，企业最好不要冒险。

能够容纳一切元素的群，体现着它的包容性，既能把有相同价值观的用户吸引过来，又起着调节作用，以维持用户群的稳定。企业顺应用户的习惯，也是用户群发展的客观规律。在这个过程中，企业会慢慢发现用户形成习惯的原因，从而更好地为他们服务，同时为引导用户改变习惯做准备。

无论如何，顺应用户的习惯是每家企业要做的第一件事。在用户看来，企业传播产品信息不外乎要向他们推荐。如果企业和用户之间没有建立起足够的信任，"粉丝转路人"的情况就会大量出现，营销就无法进行下去。所以，面对还不熟悉企业的用户，先顺应他们的习惯比任何事情都重要。只有等到粉丝变成铁杆粉丝时，才能尝试去引导用户改变习惯。

其三，引导用户改变习惯需要时间。

随着营销方式的不断改变，对于是顺应用户习惯，还是引导用户改变习惯，成为众多研究者讨论的话题。一部分人认为，如果总是顺应用户的习惯，企业就没办法形成独特的风格，应当适时改变用户的习惯；另一部分人觉得，改变意味着有可能会"掉粉"，因此不要轻易这样做。

其实，引导用户改变习惯并不一定是坏事，但要在恰当的时间进行。当企业完全掌握用户信息，就会发现总是维持原装未必就好，不如找个契机，让用户看到全新的东西，甚至可以颠覆他们之前的习惯，对于部分特定用户群体来说，是个不可多得的好机会。

前文提到首先要顺应用户习惯，等到群相对稳定，可以尝试着引导用户改变习惯。这时候用户会发现企业身上原来也贴着标签，而企业所营造的独特氛围，对用户来说也是一种魅力。

一直以来，用户习惯都被企业视为非常重要的营销参考项目，尤其是在社群营销盛行的当下，能够笼络住粉丝，社群才能稳定。那么，到底要如何做才能真正掌握用户习惯，同时引导他们向企业的价值观靠拢呢？

第一，观察用户的共通性。

用户群中，用户大多个性鲜明，但同一年龄段和相同生活背景的人，在用户习惯方面往往存在共通性。这为营销者收集信息提供了便利，只要注意他们共同的习惯，就知道该如何推送消息了。

第二，对用户进行尝试性消息推广。

对于刚刚开始创业的人来说，无法在短时间内精准定位用户的习惯，可以先少量地推送消息，多关注用户的反应，从中发现有用的信息。

这种尝试性做法，很多新创业者使用后均表示有实际效果，原因在于用户对你的产品很陌生，一下子推送很多消息，会令他们觉得你是在推销商品，一旦产生这种心理，用户很可能会远离你的群。此时，对粉丝进行尝试性消息推广，就显得尤为重要了，而他们的回应，又成为收集用户信息的另一个渠道。

第三，避免用户体验走向疲态。

很多企业一味迁就用户的习惯，忽视了创新这个要素，最终导致社群解散。顺应用户的习惯自然重要，但当他们觉得这个社群缺乏新意的时候，心理上就会产生疲惫感。

作为社群的带头人，应该在这类情况发生前，就引导用户稍作改变，帮助他们换一种方式思考。虽然能改变的习惯并不多，但能够调节社群气氛，避免用户出现疲态。

第四，注意用户习惯的改变。

受到各方面因素的影响，用户习惯并非一成不变，这同样值得企业关注。

比如，D公司从事办公用品的生产和网上销售，是天猫商城中同类店铺中的佼佼者。D公司负责人表示：选择在网上销售，主要是因为社群经济能带来更多收益。企业在尊重用户习惯的同时，还要注意用户习惯的改变。D公司经营了十几年，起初那些来买学生文具的人早已开始工作，他们对产品的需求和之前不一样，消费习惯也在发生改变。企业若没有想到这一层，那么推送给消费者的信息往往是他们不需要的，当然也就无法实现有效互动。

组成社群的个体是人，而人处在不停变化中，企业应当保持洞察力，更好地服务用户。

第五，主动帮助用户培养习惯。

有些用户对产品并不了解，属于"路人"那一类，企业应该主动帮助他们培养习惯，直到他们变成产品的铁杆粉丝。

首先，与用户近距离沟通，建立信任。如果是小型企业创业者，不妨亲自和用户交流，内容不多谈及产品，只当作交朋友；如果有专门的客服人员，就由他们去接触这些用户，再将相关信息转给营销者，进而对这部分用户进行分类，做到精准定位每个人。

其次，向用户推送产品信息的同时，要教会他们如何使用产品。由于对产品非常陌生，如果只是推荐商品，用户会感到一头雾水，甚至会转身离开。对于这部分用户，企业要特别用心，将产品的性能、功效等统统介绍清楚，还要及时回答对方的提问。详细介绍不仅让用户对产品有全面了解，还可以让企业更新用户信息，准确知道用户的个人情况。

最后，向这类用户发出邀请，请他们参与到社群活动中来。不论对方是否购买了企业的产品，企业都要笑脸相迎，因为当中很可能有潜在用户。企业不妨通过一些小奖励，鼓励他们添加企业的各种自媒体账号以及各种社群等，他们参与得越多，成为粉丝的可能性就越大。

对于企业来说，用户习惯值得推敲和深思，不仅要尊重他们的习惯，还要通过有效方式来实现社群与粉丝价值观的融合，这才是社群营销的真正意义。

（10）售后：让其他环节变得"多余"。

售后人员常扮演的是救火队员的角色。比如，用户对产品或服务有不满意的地方，向企业投诉了，就需要售后人员出来解决问题。这时，售后只是渠道当中一个被边缘化的环节，它无法影响到其他环节，只负责解决由其他环节的缺陷导致的各种问题。

但是，数字化时代的到来，让原来被边缘化的售后环节具有了新的地位和使命。售后不仅仅能够向其他环节反馈信息，帮助它们改善体验，提高整体的用户体验，甚至还可以替代商业链条上的其他部分环节，帮助解决用户的某些特定的痛点；而因为这些痛点的解决，售后服务甚至可以成为企业新的利润增长点。

从企业的角度讲，谁都不愿意听到用户的抱怨，谁都希望与用户只有金钱的往来。但是，聪明的企业能够意识到，用户的抱怨往往也意味着机会，与用户往来虽然需要投入更多的精力，却也意味着能从用户身上赚更多的钱。因此，成功的企业绝不会在销售完成之后就将自己与用户的联系一刀斩断，它们会尽量做好售后的工作，用售后营造新的接触点，用售后提升服务体验。

我们一直在强调，数字化时代的商业是由一个又一个的场景组成的，这些场景是可循环的；用户从感知、触动到购买、使用，最后到升级和分享，这个循环能够首尾相接。如果企业没有售后服务，或者售后服务的体验值不良，那么这个循环系统就变成了有去无回的直线，这对于企业的发展无疑是不利的。

因此，企业最好不要将全部盈利点都集中在产品本身，从再次创造利润的角度来看，售后服务也是一个绝佳的体验点。成功的企业可以把生意做到所有领域，也可以把盈利点布满生意的各个环节。只要体验值足够高，售后环节绝对是有生意可做的。

11

移动社交带来新用户关系链

如同任何技术革新一样，新兴事物总会给我们带来不同的感受。20世纪90年代IM（即时通信、实时传讯）为我们开展了新的社交空间，如今移动社交则给我们带来了新的关系链。企业要想获得利益，获得更多天使用户，就要利用好移动社交。

▪ ▪ ▪ ▪ 数字化时代的新型社交关系

在数字化时代，社交关系按照用户之间联系与互动的频率可划分为强关系和弱关系两类。

强关系

强关系指的是个人的社会网络同质性较强，人与人关系紧密，有很强的情感因素维系着的人际关系。目前，以强关系作为连接的平台是以微信为代表的。强关系社交网络中的关系是以维系为主的。

强关系的主要特点包括以下几个方面。

一是圈子小。

强关系之所以圈子小，主要有两个原因：一是互动对象决定的。强关系的互动形式属于双方互动。既然互动的对象只有两个，如果双方想要互动的事务不存在一定的共同点，也就是说，双方没有一定的匹配基础的话，强关系就很难实现。二是现实选择的结果。每个人的精力都是有限的，而强关系要求的互动频率较强，这就导致每个人可以保持强关系的对象范围大大缩小。

二是优质内容和唠叨型内容间杂。

强关系中人与人之间社会网络同质性较强，且彼此关系紧密、信任度较高，因此在交流的时候不必时刻以最佳状态示人。拥有强关系的双方交流起来更为随意，优质内容有，唠叨型内容也有，甚至唠叨型内容会更多一些。

强关系社区通常属于私域社区，用户加入强关系社区，主要是出于情感需求。因此，在为强关系社区用户提供产品时，要注意在产品设计方面更多地满足用户的情感需求，降低用户的维系成本。

弱关系

弱关系是指个人的社会网络异质性较强，人与人的关系并不紧密，没有太多感情维系的人际关系。目前，以弱关系作为连接的平台是以微博、抖音、公众号等产品为代表的。弱关系社交网络中的关系是以展示自我和获得自我成长为主的。用户会在相关平台上通过模仿平台上的意见领袖、提供优质内容等方式来赢得其他人的关注。当其影响力提升到一定的高度，该用户就会成为某个群体或群组的意见领袖，并获得被粉丝追随的心理体验。

弱关系的主要特点包括以下几个方面。

一是圈子大。

弱关系圈子比强关系圈子更大，主要有两个原因：一是互动形式决定的。与强关系的必须双向互动相比，弱关系的互动形式范围就大多了。双向互动只是弱关系互动形式的一种。弱关系的互动还可以一对多、多对多。此外，弱关系还可以是单向的。这样一来，匹配的范围就比强关系大多了，用户之间的连接也有了更多的可能。二是现实选择的结果。弱关系互动频率不如强关系高，且不一定需要其他人的反馈，这样一来，其维系成本就很低。一个用户可以维护多个用户，甚至多个圈子。

二是内容优质。

在弱关系中，无论是关注者，还是被关注者，都与优质内容密切相关。对于关注者来说，获取优质内容是他的目的；对于被关注者来说，产生优质内容是其吸引粉丝的关键。因此，在弱关系中，要想获得大家更多的关注，就需要调整内容的发布策略。

弱关系社区通常属于公域社区，用户加入弱关系社区，主要是出于表现自我、提升自我知名度及获得自我成长的需要。因此，在为弱关系社区用户提供产品时，要注意在产品设计方面更多地帮助用户创造优质内容，帮助用户在社区内找到属于自己的位置。这样一来，用户才会信任社区，愿意留在社区内，进而为社区做出更多的贡献。

当然，用户关系可以从弱变强，从弱关系升华为强关系。不过，要实现这一升华，需要一个关键的前提，那就是要有共同的兴趣爱好。满足了这个前提，用户之间的互动才会变多，彼此才可能成为对方拥有强关系的朋友。

不过，当弱关系升华为强关系之后，进入强关系的用户，其需求和行为也会发生一定的变化。很多时候，他们会降低在原来弱关系社区的使用频率，"转战"强关系社区。出现这样的情况并不奇怪。强关系的本质就决定了用户需要互动频率更高的社区。

值得注意的是，真正为企业带来流量的一般是弱关系，而非强关系。这是因为，弱关系的真正意义在于连接更多的人、更多的圈子，让更多的人了解到尽可能多的有用信息，而非维系用户之间的感情。

▪▪▪▪▪ 智能手机改变了企业的营销环境

智能手机正在全方位地影响我们的生活。我们只要滑动指尖，就可以实现某种功能。这种生活方式的变革极大地改变了企业的营销环境。分享正在改变这个世界。不远的将来，用户一个个细微的分享动作会从根本上改变商业的格局。

基于体验的分享，尤其是连续分享，成为最有价值的商品信息。

商品属性等基础信息成为底层，分享、推荐等内容型信息成为核心。

......

通过分享，用户之间产生了情感连接，从而塑造出新的环境，而新的环境能进一步影响目标人群的行为选择，于是又产生了更大范围的情感连接，繁衍了环境……这就是赋能效应！（"赋能"是西方心理学的概念，意思是通过对环境的塑造，从而改变目标人群的行为。）每一个分享动作都是新一轮循环的开始，持续发酵，持续进化，即越互动，越分享，越信任。

而分享的前提是能让商业信息被看见。对于商业信息来说，主动浏览的效用往往大于被动浏览（即发送给他从而产生浏览）的效用。要让客户实施主动浏览的行为，需要在内容质量和场景两个方面下功夫。其中，高质量的内容有三个特点：一是真实朴素，二是好玩，三是对他人有益。社交电商平台必须创造出这样的场景，能够让他人在一些恰当的时间点被触发主动浏览相关商业信息。

身处数字化时代，智能手机给大家的生活带来了极大的便利。怎样才能吸引客户的指尖在滑动时选择我们的企业，无疑是一个重要的课题。

众所周知，作为奥运会的传统赞助商，可口可乐在2008年北京奥运会期间推出了虚拟火炬接力活动，为2022年北京冬奥会上线了"可口可乐冬奥园游会"。活动上线之后，迅速获得了众多用户的参与。不过，可口可乐还是有些苦恼，因为参与者转化为长期用户的概率很低。

其实，这不是可口可乐一家的难题。不少企业也遇到过类似问题：好不容易在社交网络上积聚了大量用户，可这些用户却总飘忽不定；虽然能看到他们，但不能真切地触动他们。越来越多的企业看到了社交红利，但在如何进行深度挖掘与提炼上却陷入困境。这是一方面。

另一方面，用户对于企业的忠诚度也并没有那么高。某权威机构经过大量调查发现，40%的受访者在一些品牌的营销活动结束后，便对后续的品牌互动不再感兴趣。正是因为这样，一些营销专家才提出："必须想办法把短期轰动的活动变成长期的阵地，从而积累、沉淀用户信息，并将其转化为有效数据。"

怎样才能让弥漫的用户沉淀下来，让用户的指尖不再犹豫，从而果断地选择我们的企业呢？如何将社交网络上的用户转化为消费者，将虚拟货币兑现成真金白银呢？这一系列问题直接影响了网络营销的生态及进化过程。网络媒体的社会化、便携化、人性化成为大趋势。

如今，社交网络跨越多个平台而存在，给企业和用户都提供了极大的便利。智能手机的便携性和人本性，使得企业几乎随时随地可以将营销信息推送到用户面前，用户在手机屏幕上点击一下，便可以接收的信息。

这种情况下，我们的社交活动更需要合作共赢。在此背景下，腾讯开放平台给第三方市场分成30亿元便是一个例证。实际上，这样的做法也是构建开放生态圈的重要内容。总之，我们不难看到，更深程度整合社交网络平台，吸引用户注意，通过用户的点击与选择增加成交行为，已经成为众多商家为之不懈努力的方向。

■■■■■ 打造品牌与用户的牢固关系网

在数字化时代，广告、公关、品牌推广等传统营销手段的效果正在被削弱，而建立在同伴影响力的基础上，并由社区导向的新型营销手段，通过真实的用户关系网络，正在日益焕发出蓬勃的营销力。关系链甚至可以决定营销的成败。在数字化中经营起自己庞大的、牢固的用户关系链，正在变得日益重要。对于希望建立一流品牌的企业而言，它们更是将打造品牌与用户之间的关系网络视为企业的头等大事。

这是什么原因呢？原来，如今市场环境发生了很大的变化，用户更是成了市场的主导者。虽然各行业不断涌现的品牌给用户提供了越来越多的选择，但用户选择谁家的产品是他自己的自由。于是，对于企业来说，想方设法让用户选择自家产品就成了当务之急。

如何才能增加用户对自家产品的黏性呢？传统营销指标中的到达率、认知度、美誉度已经变成了非必要因素，与用户的情感沟通却变得不可或缺。从长远角度来看，那些能给用户留有情感印记的品牌，无疑更能增强用户的黏性。打造品牌与用户之间的关系网，将是未来品牌竞争的关键之处。

如何让品牌给用户留下情感印记呢？要从用户的购买习惯入手。目前，用户在购买时的决策更多依赖于社交口碑。据调查，用户在购买前，了解信息的渠道主要是网络，而在做出决策时，总会征求自己人际圈里的意见。而用户的人际圈多基于社交平台。随着社交平台日益呈现整合多元化的态势，我们可以对不同平台的侧重表现予以分类。

品牌社区与垂直网站类：关系网大本营

很多品牌比较重视自己的社区平台，并将此构建为自己关系网的大本营。比如，宝洁搭建了"生活家"平台，海尔在海尔商城中建立会员平台等。在这里，企业可以通过即时互动，更好地了解消费者对产品与营销活动的态度；还可以在社区中进行整合营销，从而提升用户对品牌的黏性。

微博类：自媒体

在微博平台上，每个账号都可以成为一个发布方，都是一个自媒体。微博容易产生意见领袖与病毒传播，所以品牌可以在此开设展示中心，塑造品牌情感，扶持意见领袖等。

App 类：移动社交

简单实用的 App 软件，通常也是品牌进行社交连接的重要选择。当然，有的商家或许不会在 App 中直接推广自己的产品或服务，而是开发一些相对实用的功能。这些功能与本公司业务间接相关，可以为用户的生活带来更多便利。

微信类：熟人社区

在数字化时代，人们的社交脉络会更加清晰。比如，他们会通过微信之类的平台来跟自己关系亲密的亲戚、朋友、同学等交往。此类交往属于一种熟人社交。这种情况下的每一次转发与评论都潜藏着一种信任。这样的关系链很适合品牌做有针对性的营销。

在对上述社交平台进行分类后，我们可以得出这样的结论：在建立用户关系网方面，商家需要具备一些职责，如分享信息，让用户成为"知情人"。正如一位营销资深人士在谈到用户关系的新趋势时所指出的那样，"这是个没有秘密的时代，企业的最好策略就是坦诚。"可见，透明化成为商家和消费者建立信任的前提条件。

此外，商家还应该加强与用户的交流，与用户建立起比较牢固的联系；帮助用户获得他们想要的技能和知识；帮助用户完成某些生活目标，从而为用户提供生活上的便利等。如果商家能够在这些方面为用户提供有价值的服务，对于强化和用户的关系链，一定大有裨益。

■■■■ 针对目标用户建圈子

过去，人们的生活半径很小。以一个农民为例，终其一生，他的生活半径可能就是他家周围的几十公里，与他能有一面之缘的不过数百人。时间行进到现代，随着现代交通和网络通信技术的进步，人们的生活半径也在不断扩大。这种扩大主要体现在两个方面：一是人与人之间的距离被大大拉近，二是拥有共同兴趣爱好的人逐渐形成一个个小的群落或圈子。数字化的普及则将人与人之间的沟通变得越来越简单，越来越便捷。

11 移动社交带来新用户关系链

数字化圈子优点众多,主要表现为喜好相同的人可以主动地相互交流,而非被动地接受文档与数据。在圈子里,每个人的地位都是平等的,每个人都能成为话题的发起者,也都担当了信息的传播者及分享者。因为圈子优点众多,才会吸引更多企业来分析和研究,圈子也为企业现代营销创造了一定的机会。圈子营销实际上应当归属于小众营销,但因为数字化的高效传播性效应,极其容易造成一种轰动的效果。依照大众营销做广度、小众营销做深度的基本原则,圈子营销最关键的一点就是做深、做透。

如何才能将圈子营销做深、做透呢?要解决这个问题,需要立足于圈子的实际。数字化时代带给圈子的,不仅是非常多的变化,还有众多丰富的内涵。比如,此前喜欢某些优秀歌手/演员的人被称为"歌迷""影迷",现在被统称为"粉丝"。前者只是单纯喜欢该歌手/演员的表演,后者的内涵就宽泛多了,除了喜欢该歌手/演员的表演,还包括对他们各类行为进行模仿,甚至连他们穿的衣服、用的化妆品品牌都会被这些小圈子中的人"种草"。这也为企业开展圈子营销提供了一定的借鉴意义。

首先,一家企业的品牌与产品锁定的目标群体,必定是某个圈子的人群,只是有时候这个圈子是真实存在的,有时候这个圈子是虚拟的。比如,在户外旅游与运动装备的目标群体中,相当大一部分群体归属于各种登山团体、协会、"驴友会"等组织。因此,企业不只是要研究用户群,还需要投入时间与精力去关注用户圈子。企业找到目标用户群体生存的各种圈子,就能够找到很好的信息传播与营销渠道,利用圈子之间的人际互动进行产品营销。

其次,一个圈子在偏好、兴趣追求等方面存在共通性,这会影响圈子成员的品牌选择和消费行为，而且他们在这些方面会存在某种同质性。

最后，圈子意见深深地影响着圈子内外的消费者。如今大多数人在购买产品时，都会通过数字化平台收集一定的信息，会到各类平台上寻找其他人对自己心仪产品的使用感受。因此，由网友自行组建的各类圈子就成为这些信息的聚合点，而这些信息不仅会对圈子内的人产生了极大的影响力，还会对圈子外的目标用户同样产生了巨大的影响力。比如，我爱我家平台上一些楼盘的业主对于某楼盘的主观评论，几乎成为影响其他人购房决策的一个重要缘由。由此发展起来的各种社区网站、专题论坛网站就变成圈子生态的重要组成部分。可见，圈子有着无穷的魅力，可以发挥的空间也是相当大的。

企业可以从以下方面来灵活地运用圈子营销。

第一，自己组建圈子，做好线上交流和线下活动。

比如，眼镜企业可以利用自己的顾客资源创建"爱眼会"圈子，具体由企业组织一些顾客活动，让顾客形成一个和眼镜密切相关的圈子，进而吸引更多的目标用户，通过论坛、QQ群、微博、微信、老乡会等方式常常进行互动交流。再如，我们发动一批数字化爱好者创建一个移动电商论坛，常常进行各种公益活动，分享在数字化方面的研究心得与落实案例。每次公益论坛不仅让大家感觉有收获，还让赞助商十分乐意赞助。

自己组建圈子，除了要做好线上交流与线下活动，还要注意扩大圈子的影响力，并切实做好服务工作。圈子的影响力对最终营销效果起到的作用不容小觑。需要注意的是，圈子传播的并非都是正面信息。如果服务不到位，负面信息同样扩散得极其迅猛。

第二，与目标圈子群体进行合作，支持与赞助核心圈子活动，或制造有关正面话题让圈子成员广泛参与。

企业除了自己创建圈子外，还需要与目标圈子进行广泛的交流合作，支持并大力赞助这些圈子组织活动，同时有针对性地开展用户营销，宣扬品牌知名度，获得很好的营销效果。比如，观澜湖曾经为胡润百富榜提供冠名赞助，因其评选出的上榜人士皆是高尔夫、别墅等极具价值的目标用户，因此他们就组成了一个值得投资的圈子。企业通过支持圈子活动，能够让品牌与圈子本身建立起关联。

第三，积极与圈子中的意见领袖合作，通过意见领袖传播品牌价值。

数字化论坛属于特定人群光顾的地方。在这些地方，一旦有人传播企业品牌的正面消息，很快就会影响到其他人。每个圈子都至少包含一个或几个意见领袖，企业不能轻视这些意见领袖产生的作用，必要时可以与这些意见领袖进行正面合作，请他们在数字化的某些社区发表产品的基本信息、使用经验以及使用感受等，以实现低成本营销策略。因此，企业要有意识地关注和自己的产品有关的社区和论坛，必要时进行一定的管理，还可以招募一些忠实顾客来充当意见领袖。

第四，创建目标用户的圈子数据库，挖掘用户数据价值，进行精准营销。

对于企业而言，不只是要学会利用各类圈子进行精准营销，更应当重视圈子数据库。企业要有圈子数据库的意识，将目标用户的购买产品时间、基本特征以及喜欢的品牌等数据进行分类收集，并进行动态管理，利用对用户数据的挖掘来引导营销活动的开展，甚至能够针对这些圈子里面的用户进行定向资讯传播。

第五，发挥圈子的正向偶像效应，可以开发设计一些新产品。

每个圈子都可能会有成员喜欢与追随的偶像（当然，这个偶像要发挥正面的影响）。比如，某知名歌手的粉丝会模仿、收藏、购买与该歌手相关联的产品。该歌手亲自参与设计的品牌联名产品一上市，就受到了粉丝们的高度青睐。

第六，对于目标用户群相同的品牌和企业来说，可以创建圈子营销产业联盟。

用户群相同的品牌与企业，可以通过联合促销、品牌联盟等方式来一起挖掘圈子的潜在价值。比如，两个品牌同样是服务于"80后"群体，就可以创建"'80后'产业联盟"，通过对"80后"群体的消费行为与生活方式的不断研究，在营销上进行关联，不仅可以降低成本，而且可以开发一些全新的联合产品。

在当前的市场氛围下，每个消费者都拥有自己的圈子归属。圈子有时候存在于虚拟空间里，有时候存在于现实组织中。重视圈子的价值、把握圈子的特点、深挖圈子的营销，将是激活圈子消费、提升企业品牌的一种全新模式。在某种程度上，可以说，有圈子就有一切，数字化时代更应当注重圈子营销。

■■■■ 从建立核心用户群到推动用户自行建群

早在前几年，很多创业者就依托粉丝经济成功实现转型，但在实际操作中，会发现单个用户的力量过于渺小，若能将他们聚集到一起，就能形成一个潜力无限的社群。

对于很多企业来说，积累用户并不困难，但想要将用户聚拢到一起，建立社群就不是易事了。下面我们不妨来看看H公司是如何做的。

H公司是一家涂料生产商，2016年开始进行数字化，成功将企业从传统营销转变成社群营销。

2023年初，H公司研发生产了一款环保涂料。这款产品颜色保真度高，几乎不污染环境，并有隔热功能，可谓技术含量很高。再加上市场定价高，因此，H公司判断其前景广阔。

借助这个契机，在新产品正式销售前，H公司就邀请老用户（经销商）来公司车间参观，并为经销商们配备了专业讲解人员。

根据事先协定，H公司向每家确定能前来参观的经销商发去了50公斤该款涂料，并配发了涂料的相关资料，请他们进行先期销售。

与此同时，H公司还为前来参观的经销商们建立了一个微信群，并将他们都拉入群中。H公司有什么最新动态，都会第一时间在群里发布。该公司的技术人员也加入了这个群，负责及时解答大家在技术方面的疑惑。有了这个群，经销商之间的联系也变得频繁起来，谁有什么问题不明白，群里马上就会有人回答。这让销售工作的节奏性变得更强，也帮助经销商留住了客人。

很快，经销商们纷纷按照 H 公司的方式建立了属于自己的用户微信群，将生产和销售环节贯通了。此种方式帮助 H 公司扩大了影响力，实现了社群营销，完成了自身的华丽转型；还帮助 H 公司的经销商学会了如何才能更好地营销，进而使得销售渠道变得更加畅通。

从 H 公司的案例中，我们能够获得哪些启发呢？企业要服务于用户，而用户出于自身的需要，也非常乐意接受企业提供的社群服务。既然双方都有这样的需求，企业还有什么理由不建立自己的核心用户群呢？此时，企业需要注意，建立核心用户群时，不要想着一口吃成个胖子，不必过于在意社群的人数和范围，而要依托现有用户。

不过，只是创建群远远不够，企业还需要完善群系统。H 公司为经销商建立了群，并且让公司的销售、技术人员也加入，便于及时处理各种问题。

用户加入到群中，是为了更畅通地与企业联系。若群里只有用户，企业意见领袖的作用怎样才能得到体现呢？如果群里配有客服等企业方人员，就能定期与用户实现互动。在这些人的带领下，用户就可以顺利地开展各种活动。

企业建立核心用户群只是第一步，接下来要做的，是引导核心用户去建立他们自己的社群（当然，这些社群将成为企业的重要分支）。企业只需要管理自己的核心用户群就可以了，其他都交由用户自己打理，以保证社群的自由度和用户的参与度。

不要担心用户不愿意这样做。当在核心用户群中掌握了管理技巧后，他们就会想着去 DIY 一个自己的群。而企业要做的，就是肯定他们的这种做法，并将这项工作列为企业管理的一部分，多推出鼓励措施，多让新人向有经验的人学习。

有好的产品和传播方式，就会吸引用户。想得到用户的长期关注，企业还需要通过建立社群的方式，将他们聚拢到一起。在实际操作中，企业需要注意些什么呢？

首先，要定期做产品介绍，别等用户去问。

将用户聚集到一起，是为了提高人气，最终实现推广产品的目的，所以要定期在群里发布产品信息。否则群里的核心内容变少，时间一久就很难再聚集起用户了。

推送产品信息时，企业要注意方法，不能直截了当地向用户推销，最好是能让用户了解产品是如何设计生产出来的。用户明白产品是怎么一回事，才会对企业有更多信任感。

其次，要适当奖励有贡献的社群。

社群不论大小，都为企业创造着利润。其中的佼佼者莫过于小米公司的荣誉开发组。

据小米公司官方权威阐释，荣誉开发组由一群来自小米社区特殊组、热爱小米的热心"米粉"组成。他们利用自身空余、闲暇的时间帮助用户解决问题，提交集中BUG和功能建议。同时，也会协助官方（指小米社区）进行相关业务提报、重要公告通知等，为官方与用户沟通建立快捷的渠道。

荣誉开发组的成员昵称"荣组儿"，不仅是小米公司的核心用户，还是各自所在圈子的意见领袖。他们及所在圈子的"米粉"们提交的BUG和功能建议，帮助小米公司大大降低了产品方面的成本。小米公司投桃报李，邀请"荣组儿"们参与试用未发布的开发版产品，甚至参与绝密产品的研发。对于普通的圈子成员，小米公司也根据他们对于产品BUG和功能建议的贡献率，发放诸如新款小米手机或特殊色彩头衔、发帖醒目显示等鼓励。

不论物质奖励，还是精神奖励，对用户来说，都是一种有效鼓励，这将促使他们愿意将更多人吸纳到社群中。

最后，积极帮助用户解决困难。

虽然社群是一个自由的平台，但并不代表企业就不用去管理，越能及时帮助用户解答困惑的社群，越能够聚拢人心。企业应当在社群中安排本企业的相关人员，定期为社群管理者培训，便于他们更好地服务用户。

一般来说，社群中都有企业的销售、技术、客服人员。遇到简单常见的问题，要及时解决；遇到较为复杂的问题，要第一时间反馈给企业。

很显然，企业要从建立核心用户群开始，一步步建立自己的社群系统，使其成为新商业模式下的中坚力量。

12

深度开发关系链,让用户变成铁杆粉丝

■ ■ ■ ■ "得粉丝者得天下"

数字化时代有"得粉丝者得天下"的说法。事实也确实如此。纵观当下的企业，如小米公司、苹果公司等，都是通过赢得粉丝的心来获得成功的。既然如此，企业该如何发现自己的粉丝呢？

寻找目标用户

1. 利用标签寻找

在微博、微信等平台上，用户习惯给自己贴上标签。这些标签代表着用户的特点。企业可以通过这些标签找到目标用户，再通过这些用户寻找他们关注的用户，进而实现层层关注。

2. 利用各种圈子、社群寻找

俗话说，物以类聚，人以群分。企业可以派遣相关人员参加各种相关聚会，主动结交聚会中的朋友，利用圈子效应吸引目标用户。

3. 利用话题寻找

自媒体上都有很多话题，在同一话题上交流的多是具有相同需求或相同爱好的一群人。只要企业找对相关群组，群组里面的用户大概率就是企业的目标用户。

把目标用户转化成粉丝

1. 强化企业灵魂

每家企业都有灵魂人物，要么是品牌，要么是品牌化的人。比如，任正非是华为公司的灵魂，马化腾是腾讯公司的灵魂，张瑞敏是海尔集团的灵魂，雷军是小米公司的灵魂……提起这些企业，人们自然而然地就会想起企业的灵魂人物。灵魂人物的一言一行、一举一动都会对企业产生深远的影响。一些目标用户就是因为灵魂人物才成为企业的粉丝的。因此，在把目标用户转化成粉丝的过程中，强化企业灵魂是一个重要的途径。

2. 打造强大的企业文化

事实证明，真正引领企业发展、吸引粉丝追随的一定是强大的企业文化。唯有文化才能引领人。小米公司在初创期就深谙这个道理。"为发烧而生"的理念让小米公司一经问世便吸引了大量18~25岁的青年，这批人沉淀下来后成为第一批粉丝。

3. 加强与粉丝的多渠道、无间断沟通

企业要加强与粉丝的沟通，要让公司文化无间断地到达粉丝，利用

多种方式传递信息和价值，经常通过线上线下的汇聚，让一批有共同价值观的人走到一起，分享企业发展的点点滴滴，获得粉丝的认可。

小米公司在初创期即践行了这一做法。它不仅搭建了自己的网站平台、微官网、微商城，还成立了"米粉俱乐部"，并专门为粉丝设置了官方的"米粉节"。创始人雷军还通过个人微博、微信不断传播企业信息，与粉丝无间断沟通。

4. 打造各种圈子和社区

企业可以通过打造企业本身的圈子和社区，吸引用户加入圈子和社区，利用强粉孵化弱粉的方式，以社区和圈子中"大V"的行为来吸引更多的人加入圈子，不断影响他们的行为，并最终将他们孵化成粉丝。

社区和圈子有大小之分，但每个社群都有一个带头人。带头人多为组织者或者发起人，会通过某些信念或者共同目标聚集用户，并以自己的言论及思想慢慢影响社群成员。这样一来，社群成员最后会变成粉丝，粉丝会升级为忠诚粉丝。

5. 制造粉丝，让粉丝自我组织起来推动企业发展

在这方面，小米公司和苹果公司都做得极为出色。

初创期的小米公司提出"为发烧而生"的价值主张，聚集了3000万粉丝。这些粉丝是一群发烧友，他们共同参与设计，每年自发组织很多同城见面会，大大提升了小米公司的价值。

"果粉"（苹果公司粉丝的昵称）更是如此。他们不仅仅购买产品，还经常交流切磋，分享共同的时光和灵感。而"果粉"的这些付出又反哺了苹果公司，使其影响力大大提升。

6.尽量多组织粉丝的专门活动，增加他们的参与感

无活动不营销。企业要多组织粉丝的专门活动，增加他们的参与感、自豪感和上进心，进而把一部分犹豫中的目标用户转变成粉丝。小米公司就是这方面的典范。还在初创期的小米公司即专门开设了"米粉论坛"，请"米粉"献计献策，让他们参与到产品设计中来，并为他们提供相应的物质和精神奖励。与此同时，小米公司还为"米粉"组织了多种线上线下活动，举办专属的"米粉节"。这些举措极大地增强了"米粉"的黏性，也让犹豫中的用户心甘情愿地成为"米粉"。

7.尽量约束灵魂人物的言行，减轻公司负面文化的"杀伤力"

"水能载舟，亦能覆舟"。企业要多关注媒体，关注服务，约束灵魂人物的言行。而且，任何企业都要及时处理企业的负面新闻和事件。做好这两件事，可以最大限度地减轻可能转化为粉丝的目标用户对企业的负面印象。

▪ ▪ ▪ ▪ ▪ 粉丝是最优质的消费者

企业需要用户，更需要粉丝，因为用户远没有粉丝那么忠诚。用户一旦发现产品不好，或对企业的服务不满意，就会马上离开。同时，用

户受到传播的影响去使用产品，很少在使用产品之前就成为产品口碑的传播者，但是粉丝不同。粉丝的形成是因为对产品注入了情感。一旦注入了情感，即使产品有缺陷，他们也会接受。而且，每当企业有新产品面世，粉丝都会自发地为其进行传播，比如在微博上刷话题等。从这个角度来看，粉丝是企业最优质的目标消费者。不过，要把"目标"二字去掉，让粉丝成为企业最优质的消费者，企业还需要注意以下几个方面。

精准定位粉丝特性

要让粉丝真正成为企业最优质的消费者，要满足一个前提，即企业要精准定位粉丝的特性，抓住粉丝的需求，拿出他们想要的。符合这种特性的产品，才能让粉丝更加喜爱，才能让粉丝变得更加忠诚。只有让粉丝更加喜爱、变得更加忠诚，企业才能实现目标产品销量。

不要把粉丝当成取之不尽的账户

有些企业认为，粉丝既然喜欢自己，自己肯定就能从对方身上获得自己想要的利益。这种想法是错误的。企业不能把粉丝当成取之不尽的账户。不可否认，企业经营粉丝的核心目的是盈利，但这种盈利是有原则底线的。一旦超越底线，粉丝就会果断地离开。因此，企业在经营粉丝之时，目的性不能太强，不然待粉丝察觉之后，他们肯定会因此产生反感，进而"脱粉"。

企业对粉丝的定位是什么，都会在日常的一举一动中表现出来。而粉丝也能从企业的日常举动中感受出来，你是把他们当作朋友，还是当作账户。如果一家企业将粉丝真心当作朋友，该企业的工作人员在微信群中与粉丝互动时，粉丝也会感受到该企业满满的诚意。

有粉丝不代表就有价值，还需要进行激发

有了粉丝，不代表就能产生价值。这是为什么呢？因为这些被关注者没有建立起一个能把粉丝价值激发出来的战略。也就是说，他们虽然选择了走粉丝经济的赛道，但对此缺乏规划，不知道自己的变现方式。而没有目的的涨粉或运营是没有任何意义的。

在激发粉丝方面，小米公司做得非常出色。就拿重度发烧友"荣组儿"来说，小米公司会赋予其参与产品研发、发现及收集产品BUG和建议等重任，并进行相应的物质和精神奖励。即便是普通"米粉"，也有机会通过提出产品BUG、提供产品使用体验、积极参与相关活动，来获得物质和精神奖励。

小米公司的做法极大地提升了"米粉"们的积极性。有的"米粉"愿意成为或继续做"荣组儿"，帮助小米公司大大降低了产品的生产成本；有的"米粉"愿意为小米公司产业链上的其他产品埋单；有的"米粉"愿意成为小米公司的正式员工，从内部帮助小米公司有所提升……

■■■■ 用社群做好粉丝经济

通过社群模式建立粉丝家族

目前，各大企业无不费尽心思地做好社群，有些企业老总甚至自己亲自去运营社群。为什么他们要对社群费这么大的心思呢？其实，不为别的，就是为了通过社群模式建立粉丝家族。

一般情况下，粉丝都是零散的，如果没有特别的渠道，他们很难聚集在一起。如果一家企业的粉丝都分散在各个地方，是很难对产品的传播营销形成大的影响的，因此企业要把他们聚集在一起。可数字化使得粉丝并不受空间的限制，如何才能将粉丝聚集到一起呢？答案就是通过社群模式。俗话说，人多力量大，通过社群建立起粉丝家族，就是把众多粉丝拧成一股绳，这样的力量更大。

比如，魅族有专门的官网论坛——魅族社区。该社区就是"魅友"们的聚集地。他们在这里讨论最新咨询、讨论产品问题、分享最近的生活等，与其他"魅友"进行互动。该社区是魅族创始人黄章亲手建立起来的，他经常会在此与"魅友"们互动。该社区聚集了大量魅族的粉丝。每当魅族有什么新动向时，该社区都会第一时间反应，并自动帮魅族进行推广营销。

对不同的粉丝采取不同的服务方式

每个人都是不同的个体，他们的情感、想法、需求都不一样。粉丝都是一个个具体的人，他们对产品的情感、想法、需求也是不一样的。

因此，企业在服务粉丝时，要做区别对待。如果企业用一种模式为所有粉丝服务，那么只有喜欢这种模式的粉丝会留下来，其他粉丝就留不住了。这就要求企业对于不同的粉丝要采取不同的服务方式。

道理是如此，那么该如何践行呢？首先，企业需要像雷神一样，将粉丝分门别类；其次，具体划分粉丝类别，企业要考虑自身的性质，不可随便复制其他企业的分类方法；最后，找出每个粉丝类别的性质和特点，再提出相应的服务方式。

设立奖励机制，增加粉丝黏性

适时地给予奖励，这对增加粉丝黏性是非常重要的。对有贡献的粉丝给予适当的奖励，可以让他们感受到自己的付出是有回报的，并不是一厢情愿的。这样，他们就会更加积极地为企业做出贡献。

奖励机制不要太过于物质化。基本上有时间、有精力为企业做出贡献的粉丝，他们都是因为对企业产生了情感上的依赖，而不是因为企业给予奖励他们才做的，并且现在的粉丝大部分经济条件都不会太差，所以，有时精神奖励的效果要比物质奖励的效果好。如果能做到物质奖励和精神奖励二者互相结合，互相平衡，那就是再好不过的了。

▪ ▪ ▪ ▪ ▪ 让粉丝帮助企业实现口碑宣传

社群经济是伴随数字化时代而产生的一种高效而先进的新经济模式。这种模式下的商战，是将粉丝的体验感受列为最关键的要素的。如果企业能为粉丝提供满足其需求的体验感受，粉丝就会心甘情愿为企业做免费宣传，并且这种宣传是最有说服力的，不仅凸显出产品信息，更有助于营造产品在用户间传播的品牌效应。

与传统营销方式相比，利用社群中的粉丝进行口碑营销，费用更低，目标针对性更强，几乎每一次宣传都是精准定位。那么，在社群营销中，如何让粉丝帮企业实现口碑宣传呢？

先让目标用户进行体验

产品面世初期，企业想要积累粉丝，就必须先找到目标用户，再请他们参与体验互动。只有亲身经历和使用过，用户才能对产品做出真实评价。G公司就是这么做的。

G公司近期推出一款防晒霜，比之前公司出品的任何一款同类产品功效都要好，该款防晒霜最大的亮点是涂抹一次，可以防晒6小时。周末，G公司员工在本市最繁华的商业街进行宣传推广活动，展架上清楚写明此款产品功效，并且规定：凡是通过扫描二维码关注企业微信公众号的顾客，都能获得该款产品的试用装（企业微信公众号二维码在展架下方）。此外，G公司还鼓励用户在微信公众号评论区提交反馈意见。凡提交反馈意见者，都能得到0.1元到10元不等的微信红包（企业微信公众号管理员会主动联系提交反馈意见的用户)。

与传统投放广告方式相比,企业花在用户体验上的费用相对较低。那些参与过体验的用户很有可能会自行购买,再将该产品传播给他们身边的人。

重视反馈,做好细节

想要让粉丝帮企业宣传,企业在产品和服务方面就一定要做到令他们满意。此时,企业不妨专门开设一个平台,请用户写上他们的体验评价。这些是企业改进产品和服务最有用的参考。同时,企业还要注重工作中的每个细节。这样一来,口碑营销才能真正起作用。

遗憾的是,不少企业虽然拥有用户评价系统,但并没有把它当一回事,依然按照自己的想法设计和宣传产品。这说明,企业并没有真正从用户的角度出发。在这样的前提下,企业即使邀请再多用户参与体验,也无法实现口碑营销。

企业必须明白:用户的每一条评价都是有意义的,他们甚至会直接告诉企业,产品需要如何提升。这类免费且实用的创意,有可能会让产品出现颠覆性改变,企业有什么理由不重视呢?

从另一个角度说,用户看到产品在自己的建议下变得更好,心中会升起自豪感,认为企业确实将用户放在最重要的位置,并且会感觉自己是社群中的一员。要知道,用户所建立起来的归属感,会直接影响他们是否变成企业的"铁粉",而"铁粉"的力量不容小视。

"细节决定成败"是一句大家耳熟能详的话,也是至理名言。企业能否做好细节,同样影响用户是否做出向社群靠拢的决定。比如,将发放的试用品包装精致些,向用户推送有实用价值的信息等,某些细节上的改变会让用户觉察出企业的用心。

社群是粉丝之间、粉丝与企业之间培养感情的平台。只有做到重视用户反馈，打理好相关细节，粉丝才能感觉到企业所倾注的心思，才会喜欢企业的产品。

周到服务

如今，服务成为衡量品牌企业的重要指标。即使产品再好，没有配以优质的服务，用户也还是会送上"差评"。

值得一提的是，售前服务、售中服务、售后服务三者缺一不可。用户在向其他人介绍产品时，往往会提及服务。若服务能成为用户口中的亮点，相信他身边的人也会被打动。

线上线下活动要新颖

企业应多组织主题新颖的线上线下活动，邀请粉丝带着他们的朋友一起参加。活动是拉近人与人之间距离的最直接方式，活动设计得足够吸引人，往往就能起到不错的营销效果。

除了重大节日和新品发布，企业能够组织活动的机会还有很多。比如，组织一场活动，作为对粉丝们的答谢，活动中安排一些新奇好玩的游戏，通过游戏将返利送到粉丝手中，是不错的选择。

多鼓励对社群有贡献的粉丝

虽说粉丝愿意免费为企业进行宣传，但若能以奖励等方式鼓励他们的这种行为，相信会有更多粉丝加入其中。

鼓励的方式有很多，比如提供现金或者优惠券等返利，成为企业的 VIP 会员，提供新品优先体验权等。鼓励不一定要是物质方面的奖励，精神方面的奖励对粉丝也十分有效。

所谓粉丝经济，就是要让用户真正喜欢上企业品牌，企业的活动和营销策略应当围绕这个中心展开。粉丝越靠近社群的核心，对品牌就越忠心，他们也会为企业带去更多商机。

提高粉丝忠诚度

一般情况下，一个人如果被冠上铁杆粉丝的帽子，他一定就是某个人或者某种事物的狂热追求者，愿意为此付出，并从中获得精神上的满足。当下最"潮"的社群营销，正是基于粉丝的这种狂热精神，将一群有共同兴趣爱好的人，通过虚拟的社区聚集到一起，由此实现自我推广和扩大市场占有率的目的。

数字化营销发展到今天，早已过了"随便在网络媒体上发布产品都会有人购买"的时代。企业如果不培养自己的铁杆粉丝，十有八九会出现昙花一现的局面。正因为这样，准确捕捉消费者的需求，逐渐将其培养成自己的铁杆粉丝就显得尤为重要。

社群营销之所以能够成功，往往是因为社群领袖通过与铁杆粉丝建立了直接联系，从而令他们有足够的空间和渠道支持其个人或者品牌。越早培养铁杆粉丝，就越早拥有天使用户。因为只要有天使用户认同企业的产品，并乐意将其传播给周围的人，企业就如同获得了天使投资。

社群的影响越来越大，粉丝产生的经济价值也已经不容小觑，作为创业者和企业营销者，该从粉丝与社群的互动中得到哪些启示呢？

魅力人格是吸引粉丝的关键

来看这样一张图（见图12-1）。

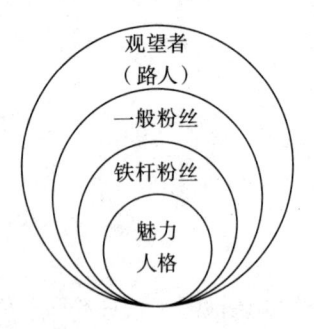

图 12-1　魅力人格是吸引粉丝的关键

由图12-1，我们不难发现，想要与铁杆粉丝保持近距离，创业者的魅力人格是必不可少的先决条件。这里所说的"魅力人格"是一个广义的概念，你和你的产品、品牌越能够满足用户的需求，你的魅力人格越容易凸显。要满足用户并留住粉丝，需要做好以下两个方面的工作（如图12-2）。

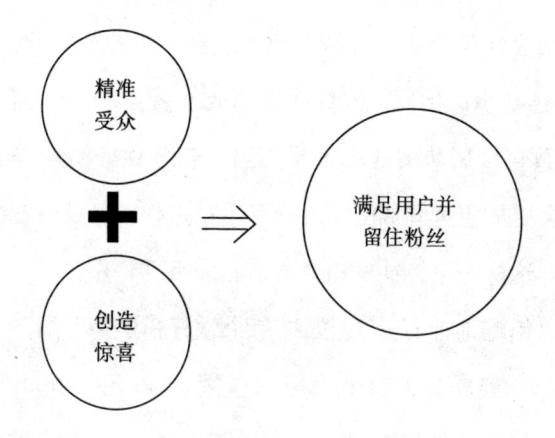

图 12-2　满足用户并留住粉丝的方法

1. 精准受众

精准定位产品的受众群体，是掌握用户需求的第一步。不论传统品牌，还是随着数字化出现的新兴产品，无一例外地都要对用户进行精确划分。只有这样，才能有针对性地建立网络社区，才能吸引志同道合的人，最终让铁杆粉丝帮助品牌建立口碑。

中国移动经营品牌多年，对用户的划分十分成熟，因而分别建立了针对全球通、动感地带、神州行用户的网络社区，通过策划不同风格的线上线下活动，培养了大批铁杆粉丝。对于用户来说，中国移动所提供的活动机会，已经成为他们沟通生活、工作的一种方式。

2. 创造惊喜

想要让铁杆粉丝"死忠"到底，就要在线上和线下活动中给出实实在在的惊喜，而不是夸张的噱头。在利用社群营销扩大影响力的今天，企业定期组织活动是最为常见的方式，这是维持铁杆粉丝忠诚度的重要机会，参加活动的人数不宜过多，以免影响活动效果。

比如，某餐饮店给部分会员发放优惠券，如果人数多了，会员拿到手的奖励势必减少；相反，该餐饮店的成本就会增加。因此，参与优惠活动的人数直接影响着活动效果。当一部分铁杆粉丝得到满意的奖励时，他们会更加愿意同周围的人分享活动过程，以及该餐饮店带给自己的幸福感。这样一来，铁杆粉丝才真正发挥了作用。

我们可以粗略地计算一下，如果每个铁杆粉丝每月消费 200 元，同时又带去两位一般粉丝，每个一般粉丝消费 50 元，1000 个铁杆粉丝每个月就会为餐饮店带来 30 万元的销售额。对于经营普通规模店面的老板来说，足以养家糊口了。

借助意见领袖的影响力

想要一下子拥有足够能养家糊口的铁杆粉丝，对于部分创业者来说，并不是一件容易的事情，此时不妨借助意见领袖来扩大自己的影响力。

当然，很多创业者并没有能担当意见领袖的朋友或家人，但可以利用其他方式为自己的社群建立起"名人系统"，比如与淘宝网上某位达人合作店铺营销活动等，都是不错的选择。

适当运用饥饿营销

企业想要令铁杆粉丝数量增加，也可以试试饥饿营销。运用这种方式，既可以让粉丝好奇心爆棚，又维护了与铁杆粉丝的关系。

无论时代如何变迁，大众的好奇心永远都是引爆信息传播的最佳风口。即便企业目前拥有的铁杆粉丝并不多，但如果能适当吊起他们的好奇心，他们便有可能迫不及待地帮助企业宣传产品。

值得一提的是，企业在运用饥饿营销的过程中需要掌握好"度"。这个"度"该怎样把握呢？要符合既能够维系与铁杆粉丝的感情，又能够吊起他们的好奇心的标准。

社群营销的核心，是通过各种营销方法让自己成为粉丝众多的品牌。只有拥有足够的粉丝，才有可能因此创造更多收益。而这些粉丝中，还必须拥有一定数量的铁杆粉丝，他们的存在是保证品牌正常运营下去的基础。所以，企业要先提升形象魅力，再配以营销技巧，从而获得足够多的铁杆粉丝，摸索出自己的风格和路线。只有这样，营销才能走得更远。

▪ ▪ ▪ ▪ 与粉丝进行互动

数字化时代企业经营的核心是什么？是粉丝。那么，吸引粉丝的最有效手段是什么？是互动。与粉丝进行互动，粉丝才能感觉到你是可接近的，感觉到自己是被需要和尊重的。企业如果想吸引更多的粉丝或是增加粉丝黏性，就必须加强与粉丝之间的互动沟通，通过互动了解他们的需求，通过互动营销自己并改造自己。纵观那些成功的企业，没有一家是不与粉丝进行互动的。要相信，与粉丝互动，是企业迈向成功的一个重要基点。

在实际操作中，企业如何才能与粉丝保持良好的互动呢？不妨从以下几点做起。

适当转发粉丝在社交平台上发表的内容并做出评论

目前，各大社交平台已经成为人们发表自己观点、感想、体验的重要渠道。企业可以从这些社交平台入手，与粉丝进行交流互动。比如，有的粉丝喜欢在自己的微博上发表自己使用某企业产品的体验、心得，有的粉丝喜欢在企业官方微博下方的评论区发表自己的感想。这时，企业一定要多注意粉丝的心情，不要只希望粉丝关注自己，给自己留言评论，也应该在适当的时候做出回应，转发或评论一下粉丝的微博。这种做法可以给粉丝带来一种被重视的感觉，进而吸引更多用户成为自己的粉丝。

多关注粉丝，才能更好地@粉丝

无论是在微博，还是在其他社交平台上，企业都应该多关注粉丝的动态。只有了解粉丝的动态，才能更好地@粉丝，将@的内容说到粉丝的心坎上，使回复的效果更加明显。最好的做法就是将粉丝分类，根据每个类别中粉丝的动态做出回复。

定期举办活动，增加粉丝互动积极性

多举办一些互动类的活动，可以让粉丝对企业保持关注，也可增加粉丝的活跃性。比如，某综艺节目的播出频率是每周一期，在这7天的断层中，粉丝的热情很容易被消耗掉。为了保持粉丝的关注度，该综艺经常会在微博上发起一些活动，让粉丝参与进来。比如，5月20日

这一天被誉为表白日，导演组借势在微博上发起了"520用手写'情书'向自己喜欢的嘉宾表白"的活动。粉丝们的参与热情很高，纷纷在5月20日这一天在官方微博下晒出自己的手写"情书"。节目组还会时不时地回复一些粉丝的表白。

■■■■■ 让"粉丝来告诉粉丝"

病毒营销是数字化时代最常见的一种营销手法，也就是让粉丝口口相传，像病毒一样迅速蔓延。它是所有营销方法中最高效的传播方式，是一种粉丝自发的行为，所以无须任何推广费用。简单来说，就是企业给粉丝提供了超值的产品和服务后，让"粉丝来告诉粉丝"，通过广大的粉丝为企业做免费宣传。这就像我们经常在自媒体上看到的一些热门搜索，引发了粉丝们的强烈讨论，这就是病毒营销的最明显特征。

那么，在实际操作中具体该如何做呢？

让产品和广告设计融为一体

要形成病毒营销效果，就要让产品和广告融为一体，让粉丝在不自觉中接受企业的广告，为企业做宣传，又看不到广告的痕迹。最好的方法就是在广告中加入故事，让广告成为情节中不可缺少的一部分。

比如，益达就是以微电影的方式来拍摄，而且将广告词完美地融入其中。其中"要两粒一起嚼才最好"的广告词，更是风靡网络。

有创意才有营销新意

企业在为产品进行宣传时，对于广告内容的创造要以生动有趣、个性创意为原则。如"不要8888，要不要888，只要88的八心八箭"这样的恶俗广告是绝对不可行的。创意是病毒营销的基本条件，没有创意就没有新意，现在的粉丝看过太多广告，一般的广告是很难吸引他们的注意力的。

鼓励粉丝晒出自己的体验

企业要注重粉丝的体验，让粉丝充分发挥自己的权利，留下自己的体验，写出自己使用产品或是参与活动时的感想。粉丝的这种权利被充分运用后，就能为企业带来口碑营销。因此，企业要设置一个渠道，让粉丝的体验有地可留。在微博上制造话题，让粉丝在话题下留下体验，无疑是一种既简单又快速的方法。

统一绿茶就曾在微博上建立了一个话题，请粉丝留下他们的体验。#亲近自然发现新鲜事#，粉丝参与话题，说出自己的日常生活，比如爬山、旅游、和家人之间的互动等都可以。这样，粉丝就有机会获得由统一绿茶提供的10万元旅游基金。话题上线短短几天时间就吸引了7197万次的阅读，讨论量达到了18.7万条。

新商业的终极问题是用户的代言和推荐，这是最关键的衡量。传统的用户评价是静态积累型的，属于线性扩大影响的模式；而每一个代言和推荐，既是评价也是行动，属于指数级扩大影响的模式。很显然，后者更能及时、迅速地助企业一臂之力。

▪ ▪ ▪ ▪ 让粉丝去发现粉丝

每一个有追求、注重品质的品牌，在经历了最艰难的发展初期后，必然会产生一些铁杆粉丝。即便他们的数量还很少，但"星星之火，可以燎原"。如果企业为这些铁杆粉丝提供了很好的服务，那么新粉丝也会在铁杆粉丝的引导之下，源源不断地进入社群之中。所以，有人将铁杆粉丝称之为"种子用户"。有了他们，社群这片土壤上就会逐渐长出更多的植被，就像原始森林一般，即便无人看护，也会在大树的周围出现小树、小草、青苔等充满活力的生命物。既然如此，企业该如何借助铁杆粉丝的能量，吸引新粉丝的注意力呢？

建立"明星"粉丝组

小米公司的粉丝分类在国内领域最为专业，形成了很完整的关系链。而小米社群中的铁杆粉丝有一个专有名词——"荣组儿"。这个小组的成员不仅可以第一时间获知小米公司的相关动态，甚至可以参与公司新产品的开发、试用和决策，在"米粉"之中简直就是神一样的存在。

只要能够成为"荣组儿"，就意味着你成了小米社群中的"明星"，自身将拥有大量的粉丝。这样的铁杆粉丝做出的评测和推荐，总是会引起强烈的粉丝效应。而这些铁杆粉丝都有这样的特质：具备非常高的专业素质，甚至达到专家级别；热衷于和网友进行互动，第一时间解决问题；大脑里的奇思妙想非常多，总是给品牌带来非常有建设性的意见。

正是凭借着这群铁杆粉丝的影响力，小米公司可以更加接地气，进而吸引到更多粉丝。毕竟，品牌终究与普通用户有一定的距离，并且品牌的概念太过模糊和抽象。但铁杆粉丝却不一样，他们是真实存在的人，所以更容易被信赖。

所以，在建设社群之时，品牌就要有所观察，对于那些活跃且具备高素质、高技能的粉丝，一定要多多培养和交流，争取让他们成为整个粉丝群体的"明星"。当品牌拥有了一个稳定、专业的铁杆粉丝团，铁杆粉丝就会帮助品牌吸纳更多的新粉丝。

给铁杆粉丝团奖励

对于铁杆粉丝团的培养和维护，不能仅仅只停留在口头上，而是应当实打实地有所表现。就像小米公司对于"荣组儿"的维护，一方面，小米公司会邀请他们参与公司新产品的开发、试用和决策，这样可以让"荣组儿"可以近距离感受小米，满足他们物质方面的追求；另一方面，小米公司还在社群之中给予更多的精神奖励，比如特殊色彩头衔、发帖醒目显示等。

物质奖励 + 精神奖励，才能最大限度地提升铁杆粉丝团的格调，让他们在社群之中显得鹤立鸡群。当体会到了别样的美妙滋味，并感受到了品牌对自己的尊重之时，他们就会不遗余力地协助品牌进行社群建设与推广。

建立铁杆粉丝团的晋升与降级体系

铁杆粉丝存在的重要意义之一，就是利用自身的影响力和非常专业的知识能力，不断给社群带来深度话题和活跃度，所以铁杆粉丝团的组成不能一成不变。如果普通粉丝展现出了足够的影响力和专业能力，企业就应该吸纳他们进入最高层的铁杆粉丝团，并给予相应的奖励；如果铁杆粉丝长期没有提供必要的深度话题或活跃度，企业就应该将其降级。

这样做，一方面是为了保持铁杆粉丝团一直处于活跃的状态，让身在其中的高级粉丝愿意互相分享和交流；另一方面是为了给所有粉丝做出榜样。如果顶级粉丝之间都已经死气沉沉，就更不要说普通粉丝了。完善的粉丝晋升体系，会不断使得普通用户积极主动地加入社群，为成为铁杆粉丝而努力；也会让铁杆粉丝意识到：得到了这份荣誉，就意味着自己的责任会更大！

铁杆粉丝的高端聚会一定要报道

通常来说，铁杆粉丝群体因为有了较高的社群知名度，所以他们之间的聚会，话题多集中于较为有深度的品牌发展策略之上。对于这样的高端聚会，品牌应当定期积极组织，还应当在论坛、微信、微博等社交平台上进行报道，甚至不妨联系媒体发送新闻通稿。而对于一些提出了专业见解的铁杆粉丝，企业应配合图片和文字采访，这样才能让铁杆粉丝的亮点更为闪光。

试想，当准消费者看到了品牌用户做出一系列分析和讨论之时，会对品牌产生怎样的印象?"一个粉丝之间的聚会,就达到了如此高端的境界,这个品牌的价值更加难以估量!"这些新粉丝就被铁杆粉丝吸引而来。

注意:"脑残粉"不是铁杆粉丝

"脑残粉"是在社群经济中常常出现的一个特有名词,是指那种疯狂迷恋品牌的粉丝,甚至到了不分黑白地支持品牌的地步,只要看到有人批评,就会第一时间蹦出来投入"战争"。

表面上看,"脑残粉"与铁杆粉丝有一定的相似性,即对品牌保持了极高浓度的爱。事实上,"脑残粉"与铁杆粉丝有着本质的区别:"脑残粉"不理智,也不思考。铁杆粉丝可以根据品牌的发展,做出自己合理的判断,并对品牌的一些决策提出建议;"脑残粉"却不会,只是一味地叫好。铁杆粉丝能够听取其他品牌粉丝的建议,只要不是恶意攻击,并且言之有物,他们就会虚心接受;"脑残粉"却做不到,根本无法容许任何形式的批评,即便那批评是对的。

品牌可以给予铁杆粉丝一定的权限,因为他们会用理智帮助品牌成长,用专业知识让新粉丝折服;但"脑残粉"有时候却显得过于情绪化,总是用一种敌对的情绪面对所有人,并且不容许反驳。这反而会给不少新人带来很差的印象:粉丝这么任性,品牌是不是也是这样?

当然,并不是说"脑残粉"一无是处,事实上他们正是品牌的主力消费军。但是,品牌必须对他们做出限制和引导,告诉他们什么才是真正的粉丝,避免他们因为意气用事给社群建设带来负面影响。

13

经营用户,让用户变成自己的员工

如今，很多企业的价值创造从企业创造价值、用户消费价值逐渐向用户创造价值转变。这种新的价值创造最主要的机制之一，就是通过数字化技术让用户、企业实现价值共创，这可能是数字化时代商业模式变革的根本性趋势。

▪▪▪▪▪用户生产内容，用户创造价值

百度百科、知乎、今日头条、果壳网、小红书、简书、抖音、B站等传播平台，是广大网民常用的网络平台。这些网络平台的最大特点是由用户来生产平台的内容。注册用户可以根据自己的学识来编辑资料或

者解答他人的疑问。如果出现不同观点，反对者也可以自己编辑文章以正视听。

学院派垄断学术知识的格局遭到了互联网的挑战。"用户生产内容"的模式改变了人们的传统观念。过去是企业来生产内容，用户只能接受内容，如今是让用户来生产内容，企业只是进行整理分类。在无形中，生产者与消费者的界限越来越模糊了，用户产生的价值越来越突出了。

互联网经济让用户的力量空前强大。用户既是内容的浏览者，也是内容的创造者。大多数互联网平台依然在采取"建立品牌—扩展规模—吸引广告"的运作模式，没有充分开发用户带来的价值。

知识的普及让用户能通过各种途径创造出有价值的产品，譬如小说、画册、动漫、视频、微电影等。时至今日，数字经济不能只满足于用户参与，而应该和他们共同创造新内容、新价值，甚至开创新时代的合作共赢模式。

数字经济注重用户的参与感和体验感。单纯让用户参与和体验，并不能挖掘出他们身上蕴藏的潜在创造力。只有让用户来创造内容，才能让他们获得更高的参与感和体验感，并为企业创造更多价值。时下有不少网络平台，就是靠用户创造内容建设而成的。平台创建者只是为广大用户提供参与创造的规则与流程。

内容不等于价值。用户生产的内容，不一定能转换为价值。所谓"用户创造价值"理论，既包含了用户"为平台创造价值"，又包含了用户"为自己创造价值"。假如用户创造的内容无法得到足够的回报，不但会挫伤他们参与创造的积极性，还会使平台的人气与口碑大大下降。

保持用户积极性的最有效办法，就是让平台提供用户价值转化服务，让用户在为平台创造价值的同时，也收获相应的回报。例如腾讯动漫的月票制度，让注册用户读者对所有的漫画创作者进行自主投票。月票按照一定的标准折算为奖金，得月票越多，创作者的收入也越多。这种机制保护了用户参与创作的积极性，让"用户生产内容，用户创造价值"的模式形成良性循环。

为了提高效率、节约成本，工业社会采用了流水生产线的模式，产品具有高度的趋同性，难以满足消费者多样性的需求。而数字经济时代，量身打造的个性化定制模式大行其道。

"用户生产内容，用户创造价值"的理念，是这股发展潮流的产物。在数字经济时代，消费者的力量越来越大。无论采取什么运作模式，让企业与用户共赢才是长久之计。

▪ ▪ ▪ ▪ 让用户参与企业经营

用户通常都是普通人，他们所需要的也不过是简单地被尊重，能够参与到一个产品中，以及获得非凡体验后的喜悦感。所以，企业要揣摩用户的心思，想办法让用户参与进来，和用户互动。

研发产品时让用户参与进来

用户想要参与到企业的产品设计中，获得参与感，是因为他们期待通过理想的表现给自己营造一个想象的新世界。而且，参与感会让用户获得成就感和满足感。因此，企业可以让用户参与到产品设计中来，满足用户的愿望。

在敏捷开发的流程中，我们可以看到用户参与的重要性，主要集中在项目刚开始对用户需求的调研和产品设计开发完成后用户的测试阶段。随着数字化的发展，用户已不满足于仅仅参与产品测试和反馈，而希望能够进行更深层次的参与。

与简单参与的被动形态不同，深层次的参与是主动的，用户会主动对企业的产品研发提供创意、意见，参与到企业产品的开发、设计、制造、上线、销售等全流程中来，从而形成一种开放式创新的产品研发模式。用户参与企业新产品研发并没有一定的形式，既可以是简单的信息传递，又可以是正式地参与企业的创新。

以海尔为例。2013年10月，海尔开放创新平台HOPE1.0正式上线，上线不久即吸引了10万多名用户注册。其中，核心用户包括技术创新领域的专家、高校研究机构人员、极客、创客等，目前已成为中国最大的开放创新平台。注册用户可以在HOPE平台上发布技术需求、提交技术方案，乃至寻找创意灵感、组建创业团队。除此之外，海尔还开发了海创汇、卡奥斯等多个公众平台。

海尔创始人张瑞敏向来强调交互用户，在他看来，海尔需要分三个阶段与用户进行线上交互：一是创造互联网社区或平台，让用户自愿来交互；二是用户之间实现自动交互；三是海尔从交互中寻找自我增值的机遇。而HOPE、海创汇及卡奥斯这三位一体的格局，又为海尔提供了全面线上交互的公共平台。

在这些平台上，用户可以与产品团队进行互动，提出各自的个性化需求，一起设计改变生活的创新产品。人们凭借自己的创意拿到个性化产品，海尔则可以通过这些好创意生产出更好的产品。与此同时，海尔降低了成本和纠错的次数，能够更快速直接地获得用户设计的最佳解决方案，由此便能够比竞争对手更快地推出满足用户需求的产品，抢占市场先机。

由此可见，有用户高度参与的新产品研发能够为企业带来时间竞争优势。

鼓励老用户写出购物体验

大家在网上购物时，一般会参考商家的介绍，但是更看重的，往往是已经购买此产品的消费者的意见。因为在消费者的心中，所有消费者都是同盟，看消费者的评论，能够知道产品到底好不好。所以，企业要注意鼓励用户写出购买产品的体验。这样，用户就参与了企业的圈子营销。如果企业的产品足够好的话，就一定会引来粉丝的好评，这样的好评也会为企业吸引更多的用户。

企业如果收到了用户的好评，并且鼓励用户写下了自己的使用心得、体验，这样就为其他购买时游移不定的用户增加了动力。产品的体验好，就会有许多人回应、追加评论、晒单等。写评论、写体验的人越多，企业的口碑就越有机会被传播。

永远要想在用户前面

很多企业认为，在营销中，为了维护用户的忠诚度，让用户带来更多流量，需要时刻知道用户真正需要的是什么。当然，这样的观点本身无可非议，也是正确的做法。但是，仅仅知道用户想要什么还不够，企业还应该要永远想在用户前面。

俗话说，强中自有强中手。这世上有实力的企业、品牌、产品很多，如何做到比别人更好呢？除了想用户之所想，急用户之所急，更要想在用户前面。

为用户做好后续服务

用户关注了我们的微信公众号、微博，或者买了我们的一种产品，并不表示我们就可以高枕无忧了。用户会不会来第二次，会不会带来更多用户？这些都是未知的，主动权在用户手中。因此，我们必须要为用户做好后续服务。只有后续服务精致、优秀，才能让用户感受到我们的态度、理念，这样他才可能第二次光顾。

这就如同我们去一家餐厅吃饭，如果菜品跟去过的其他餐厅差不多，就算很好吃，也不一定会给我们留下深刻的印象。但是，如果该餐厅后续服务做得很好，比如会给我们推送新品、发一些优惠券等，我们可能就会继续光顾。如果该餐厅后续没有任何音讯或者消息，我们下次外出用餐时，大概率可能想不起来它。

培养用户的忠诚度

任何企业最大的梦想就是获得一大批忠诚用户。然而，企业的这一愿望并非一朝一夕就能实现。对于大部分企业来说，这是一件任重而道远的事情。

依赖市场和自身的魅力吸引用户的忠诚，企业往往耗时耗力；一味地让利于用户，企业得不偿失，用户也未必领情。

企业本身是获利的机器，企业就是要获利。千方百计，用尽心思，不断让用户认同，这是增加用户忠诚度的前提。

忠诚不是用户单方面的事情，企业也要对用户忠诚。企业发现用户弃自己而去，在抱怨用户不忠的同时，往往更需要反省自己。

为了提高用户的忠诚度，企业可以采取如下策略。

以用户为中心的策略

第一，企业高层要明确观念，确定策略，树立典范。

第二，培训所有员工树立以用户为中心的服务理念。企业要通过对整体工作流程的分析，使每一位员工认识到他们的工作如何影响用户和其他部门的人员，从而影响到企业的生存和用户的忠诚。

第三，提倡企业全员参与，给予一线员工充分授权。这样可以使员工在面对用户时拥有一定的灵活性；激发员工的创造性思维，解决流程、生产、服务等各环节的问题；激发员工有所创造，超越用户期望，赢得用户忠诚。

第四，发现和嘉奖业绩突出员工。有效的激励将促进员工的工作激情，挖掘员工的工作潜力。

细分市场策略

时至今日，越来越多的企业意识到：若想提高用户满意度与用户忠诚度，很可能需要付出很高的代价。

企业如果一心围绕着建立用户忠诚度而盲目地开展工作，就有可能导致企业最终无法承受其负担，不得不忍痛放弃对用户提供的某项服务。这样做的结果，反而得不偿失。因此，如果要用户忠诚，企业首先就要通过市场分析，挑选适合本企业产品或服务的用户，这是确保这项工作顺利进行的重要因素。

1. 实施用户管理

要做好用户管理，企业就需要做好用户分类。比如，根据用户所带来的利润，可以把用户分成高利润、中利润、低利润及无利润四组；根据用户所带来的交易量，可以把用户分成大用户、中用户、小用户。其中，高利润和大用户组应是企业关注的焦点。企业可以针对不同用户群的特点，制定一对一的营销策略，争取客户忠诚。

2. 实施差异化营销

第一，忠诚用户是企业最有价值的用户，他们的忠诚表明企业现有的产品和服务是有价值的。企业一定要重视来自忠诚用户的反馈信息，以便保持企业的服务充满吸引力。

第二，潜在的忠诚用户有较高的情感忠诚度，只是一些客观的原因妨碍了他们频繁购买的主观愿望。面对这种情况，企业需要帮助他们成为忠诚用户。

第三，虚假的忠诚用户大多受购买的便利性、优惠条件及环境的影响，也可能是因为企业产品缺乏替代品。虚假忠诚用户的情感忠诚度很低，企业在提供服务时要设法激发他们的购买欲，让他们变得忠诚。

第四，长期没有业务关系的用户，也不排除产生忠诚的可能。企业可以采取物质和服务双管齐下的策略，在他们中间发现可能的忠诚用户。

加强沟通策略

在关系营销中，俱乐部营销是一种非常成功的、培养用户忠诚度的方式。具体来说，就是将用户组成会员团体或是俱乐部，通过加强内部的联系，让用户产生参与感与归属感，进而发展成忠诚客户。

俱乐部营销是一种网络营销方式。这种方式无论是在国外还是在国内，都已得到日益广泛的关注与应用。目前已有不少国内企业，尤其是服务性企业，采用了俱乐部营销的方式。

采用这种方式，物质利益的吸引是基础，情感的建立才是关键。竞争者可以通过提供类似的物质利益争取用户，却难以控制在这种情感交流环境中建立的用户忠诚。

有现代"营销学之父"之称的菲利普·科特勒曾说过："对未来的市场而言，最主要的问题是通过帮助用户解决实际需要、了解用户心理、降低企业管理费用以及做好销售服务等举措，获取他们的信任，最终树立起本店的信誉。"

此外，企业还要注意：在赢得新用户的同时，也不要忘记老用户。如今，想要完全赢得用户的忠诚是一件很难的事情。很多时候，即便用户满意，也不等于对企业百分之百信任。只有获得一批忠实的老用户，才能确保企业财源广进。因此，不管是现在，还是未来，企业要想取得成功，都需要建立一整套完整的用户档案资料，其中包括用户的详细历史资料、简历以及个人爱好等，以便加强与用户的沟通。在这方面，俱乐部会发挥重要作用。

价格策略

对于利益忠诚的用户，价格策略是必需的；但对市场领先者而言，使用价格策略往往是不得已而为之的。因此，应有效地利用价格策略，在保持用户稳定的前提下，尽可能减少价格优惠对收入的负面影响。如果希望用"价格战"攻城略地，即使是胜者，也可能"不伤带残"。

合作与双赢策略

合作与双赢策略对培养用户忠诚度十分有利。尤其是在大用户市场，绝大多数的电信运营商都会选择合作与双赢这种策略。还在20世纪90年代初期，当大多数企业用户纷纷建立属于自己的内部通信网络时，电信企业就开始考虑如何争取更多的忠诚用户了。

想要用户对某品牌具有持久性的忠诚度是很不容易的。一种新产品能带给用户短暂的好奇心，一段时间后用户又会被新的产品吸引。因此，企业看到一种产品的市场已处于饱和状态时，就需要推出新品种。这是维持用户忠诚度最好的方式。而这也刚好给予中小企业一个发展的机会，将用户转换成本降到最低。

物超所值策略

只有保持稳定的客源，才能为品牌赢得丰厚的利润。但是，当企业把打折、促销作为追求客源的唯一手段时，等待企业和品牌的是失去最忠实的用户群。

促销、降价的手段，不可能提高用户的忠诚度。"价格战"只能为品牌带来越来越多的逐利用户，而这些用户很可能毫无忠诚可言。当商家、企业要寻求自身发展和高利润增长时，这部分用户必将流失。

培养忠诚的用户群，不仅要做到价廉物美，更要让用户明白这个商品是物有所值的。目前，企业、品牌的竞争很多时候选择了进行"价格战"。它们之所以会有这样的选择，主要是因为同类产品、企业经营同质化严重，用户通常会选择价格更低的商家。

因此，企业、品牌只有细分产品定位，寻求差异化经营，找准目标用户的价值取向和消费能力，才能真正培养出属于自己的忠诚用户群。

有效满足策略

有效满足用户所需，提高用户满意度是成功构建用户忠诚度的有效方法之一。

建立用户忠诚度的基础是用户满意。如果用户对企业的产品不满意，用户的基本期望值都得不到满足，建立用户忠诚度就没有基础。

当其他企业的产品或服务越来越多时，用户会对你及你的产品不满意，埋怨就会不断增加。因此，要不断提高产品和服务质量，善待用户抱怨，满足用户需要，才能有效保持现有用户，开拓新用户。

超期望值策略

1. 管理用户期望

用户期望对用户感知企业产品与服务的满意度，具有很重要的影响。倘若企业做出太多承诺，用户的期望值也会随着被抬高。尽管从客观角度分析，用户可能会更注重关于企业产品的内在价值的体验，但是因为他们的期望值增高，两者之间的差距也会降低用户感知的满意度。企业要想管理好用户期望，可根据企业的实际情况来做出比用户期望值稍微高一点的期望，使用户有惊喜的感觉，这对于提高用户忠诚度也有很大的帮助。

2. 超越用户期望

这里可以用一个超越用户期望的故事来解析。

一位女士在东京一家贸易公司工作，她主要负责为来往客商购买车票，其中包括为德国的某家大公司商务经理购买来往东京和大阪的火车票。

这位德国经理发现了这样一个细节：每当他出发去大阪，座位都是在右窗口；从大阪返回东京的时候，座位又会是左窗口。于是，他向负责订票的女士询问为何要这样做。女士微笑着答道："火车去大阪的时候，富士山位于您的右边；返回东京的时候，富士山位于您的左边。我想，外国人都比较喜欢观看富士山的壮丽景色。因此，我为您购买了不同座位的车票。"

令人意想不到的是，就是因为这位女士的超期望服务使德国经理非常感动，于是德国经理决定将与这家日本公司的贸易额由400万欧元提升到1200万欧元。

▪▪▪▪▪ 如何让用户找你

有这样一个特别动人的小故事：

有个人在一条交通便利的道路旁边开了一家餐馆。他原本以为，经过自己的精心选址与长期筹备，餐馆一开张就会火爆。然而，事实上却是无人问津（有创业经历的人们都知道，这是很正常的状态）。

一天，该餐馆终于迎来了第一位顾客。这位顾客只点了几样价格便宜的菜，却提出一个请求：把他的名片贴在这家餐馆的墙上，以便帮助他拓展业务。餐馆的经营者仔细思索了一会儿后，认为对自己而言也没有什么损失，就答应了。没想到有像这位顾客想法的人很多。经过人们的口耳相传，一段时间后，这家餐馆的整个墙面就贴满了各种各样的广告和名片。由于来往的顾客逐渐养成了在这家餐馆发布或了解有关供求信息的习惯，这家餐馆就随之红火起来。

......

不少人都有这样的感慨：卖东西真难。难在哪儿？难就难在我们要向用户推荐我们认为很好的东西，可通常这并不是用户需要的东西。上面的例子告诉我们：卖东西也可以很容易，只有想办法让用户找你，你才能给他需要的东西。

如何让用户主动找你呢？可以使用下面几个方法。

增加产品附加值

通常企业的产品都包括三个层面：体现核心功能的核心产品，展现给用户的包装、外观等有形产品，有包含服务、价格在内的附加产品。

因此，企业要想扩大再销售，或者是实现用户转介绍，就一定要提供符合用户需要的产品。核心产品最关键，这是前提和基础。如果产品不过硬，转介绍就没有根基。此外，无形的附加产品也很重要，能够增加产品价值，让用户满意程度最大化，从而愿意为你的产品做宣传。

创业初期的小米公司就擅长在附加产品上做文章，把价格做到极致，让用户大声尖叫。[①]比如，按照正常的思维推算，某类产品成本在2000元的时候，小米公司的同类产品只卖1499元。相应地，一部分人肯定会被高性价比吸引，然后转述给其他人。最后，当你周围的人都在打听"谁能买到小米"的时候，你会发现小米公司真是将性价比、价格和口碑都做到了极致。

值得一提的是，小米公司的产品虽然价格低于市场上同类产品，但其各方面性能都保持在高水平。高性能水平和高性价比的叠加，让消费者觉得特别划算，自然会去转介绍。

为用户着想

蒙牛创始人牛根生曾说过，他的经营之所以取得成功，就是因为他会"三换"思考。所谓"三换"，就是换心、换位、换岗。这不仅是企业经营成功之道，也是提高销售业绩的方法。因此，销售人员在跟老用户打交道的过程中，一定要跳出生意圈，先和用户做朋友，为用户着想，通过实际行动感动用户。这样为用户着想，用户就一定会想着你。

比如，某品牌是2014年上线的互联网柚子品牌，商家以互联网为

[①] 目前，追求性价比只由小米公司的一部分业态承担。另一部分业态开始走高端化路线。

基点，着重在网络端向粉丝推广柚子，并且实现网络销售的目的。

首先，该品牌向粉丝大力推广该柚子的产地、质感、对品种的精心挑选等。用这种方式，该品牌在产品质量上首先就讨好了用户。

其次，该品牌在内在细节上倾注了无限的情怀和感情。比如，包装方面，不但有精美礼品盒，还赠送一次性手套（避免用户吃柚子时弄脏手），赠送贴心纸巾以及个性精美小礼物。用户收到柚子的时候，收到的不仅是一种体验，更是一种真心。

正是因为该品牌这种为用户着想的精神深得用户的心，所以他家的新产品一上线，就收获了大量粉丝。品牌则无须投入大规模的广告经费，仅凭借这种对粉丝的关心就能打动用户的心，用户在向身边的朋友介绍时也是不遗余力。

让优质用户转介绍

许多企业都觉得，自己的产品绝对是最好的，很适合销售，市场空间会非常大。但是，这件事情，企业自己说了不算，顾客说好才是真的好。所以，产品上市初期，最重要的不是去大量推广，而是要小规模试销，验证一下市场需求强不强。产品一旦满足了一部分小众的需要，就拥有了一小群铁粉。这批铁粉就是企业的优质用户，他们会帮忙转介绍。

比如，将微店做得风生水起的小B，从小学开始，就会经常带自家的特产金橘去学校里卖给同学们吃，赚点儿零花钱。她工作之后，常常将自家的金橘送给同事、朋友吃，发现大家都说她家的金橘好吃，吃完不但会找她要，还会帮着介绍。看到自家的金橘这么受周围人的欢迎，小B觉得如果开店卖金橘肯定有市场，于是她决定做卖金橘的生意。由于小B家乡有特殊的土壤、泉水这些得天独厚的自然条件，产出的金橘格外好吃，再加上老用户的鼎力介绍，因此她店里的金橘市场反响很好。

老用户的口口相传，使得小 B 在当地小有名气，甚至吸引了当地电视台前去采访她，直接将她家的产品和微店都推广了出去。正是因为小 B 在做生意初期先验证了市场需求，才使得她的金橘一推出就成了当地家喻户晓的明星产品。